재상
정도전

재상 정도전

글 민병덕
그림 김창희

살림어린이

머리말

    역사를 만드는 사람은 한 사람 한 사람의 백성들이지만, 그 백성들을 잘 이끌어야만 나라가 번영할 수 있습니다. 특히 한 나라가 망한 후 혼란에 빠진 백성들을 잘 이끄는 사람이 나타나야만 새로 세워진 나라가 안정을 찾을 수 있는데, 그 역할을 잘 해낸 사람이 정도전입니다. 그는 태조 이성계가 조선을 세울 때 정치, 경제 등 나라의 제도를 정비하여 기틀을 다진 사람입니다.

    이방원에게 죽임을 당한 후 정도전은 오랫동안 잊혔으나, 개혁군주 정조에 이르러 새롭게 빛을 보기 시작합니다. 정조가 정도전의 글인 『삼봉집』을 읽으면서 조선 건국의 의미를 되새기고 자신이 추구해야 할 개혁 과제를 찾은 것입니다.

    이어서 정도전의 억울함을 풀어 준 사람은 흥선대원군 이하응으로, 정도전이 유학도 으뜸이고 나라를 세운 공도 으뜸이라는 뜻에서 '유종공종(儒宗功宗)'이라며 받들었습니다. 고종 8년(1871년) 3월 16일(양력 5월 1일), 마침내 정도전은 역적의 누명을 벗고 '문헌(文

憲)'이란 시호를 받았습니다. 시호는 한 사람의 공을 기리면서 나라에서 주는 이름입니다.

'문(文)'은 글을 익혀 도덕에 대하여 모르는 것이 없는 것이며, 도덕적으로 살고 도덕적으로 세상을 다스리는 것을 뜻합니다. '헌(憲)'이란 여러 분야에 걸쳐 뛰어난 재능을 가진 사람으로 정도전을 말합니다.

우리가 정도전에게 배울 점은 어려움에도 굴하지 않고 자신의 뜻을 편 것입니다. 한 번 실패했다고 좌절하지 않고 자신의 목숨을 바쳐 옳은 일을 향해 나아간 것입니다. 우리도 앞으로 큰 꿈을 가지고 살아야만 합니다. 정도전처럼 꿈을 실현할 수 있도록 노력하는 사람이 됩시다.

2014년 4월에
민병덕

 차례

머리말 · 4

십육 년 만의 화해 · 8
도담삼봉이 어디인가요? · 30

서러웠던 어린 시절 · 32
정도전은 어떻게 공부를 잘하게 되었나요? · 42

다시 찾은 고려 · 44
원나라는 무엇을 통해 우리나라에 간섭했나요? · 62

성균관에 입학하다 · 64
성균관은 어떤 곳인가요? · 78

백성의 어려움을 깨닫다 · 80
정도전도 어려웠던 시절이 있었다고요? · 92

마음을 확인한 두 사람 · 94
정도전과 이성계는 어떤 사이였나요? · 104

군사를 돌리다 · 106
과전법은 무엇인가요? · 124

새로운 나라를 세우다 · 126
『조선경국전』이 무엇인가요? · 150

요동 정벌의 꿈 · 152
요동 정벌 운동은 무엇인가요? · 162

송현방에서 사라진 꿈이여 · 164
이방원의 전략가 하륜은 누구인가요? · 176

 재상 정도전이 살았던 시대를 알아보아요! · 178

십육 년 만의 화해

　　정진과 아들 래는 제사 준비로 바삐 움직였다. 비록 하얀 쌀밥은 아니지만 수군으로 일하면서 모아 두었던 기장으로 메(제사에 올리는 밥)를 올렸다. 과일과 떡, 약과 등의 제물도 없이 아버지 정도전의 제사를 올리는 진의 가슴은 찢어졌다. 그러나 이렇게 초라한 제사를 올린 것이 어디 한두 해였던가? 정진이 전라도로 내려와 수군으로 있은 지도 벌써 십오 년이 지났고, 제사를 지내는 것도 전라도로 내려온 첫해를 빼고는 십사 년째 이어오고 있다. 정진의 나이 올해 쉰셋, 아들 래의 나이는 서른셋. 각각 서른여덟과 열여덟에 전라도에 와서 지금 이 나이에 이르렀으니 세월이 정말 빠르다는 것을 느꼈다.

　　정진은 제사를 올리며 간절히 기도했다.

　　'아버님, 저에게 힘을 주시어 빨리 이곳을 벗어나 아버님의 원수

이방원을 처단할 수 있게 도와주십시오.'

정진은 이루어질 수 없다고 생각하면서도 간절함을 담아 빌고 또 빌었다. 아버지 정도전에 대한 기도는 진에게 아플 때는 약이 되고, 힘들 때는 기운이 나는 밥이 되고, 피곤할 때는 원기를 돋워 주는 반찬이 되었다.

"아버지, 음복(제사 지낸 음식을 먹는 것)하세요."

제사가 끝나고 아들 래가 지방을 불태운 뒤 초라한 제사상이나마 정진 앞으로 끌어다 놓았다. 래도 정진처럼 이방원에 의해 이곳으로 쫓겨나 수군으로 있는 처지였지만 자신을 아버지라고 꼬박꼬박 챙기는 걸 보면서 정진은 아버지 정도전을 제대로 섬기지 못했다는 죄책감으로 괴로워했다.

쌀밥에 비해 거친 기장밥이지만 아버지를 생각하며 한술 크게 떠서 입에 넣으니 모래알처럼 거칠게 씹혔다. 소금에 절인 무 조각을 입에 넣고 함께 씹었다. 정진은 유배보다 더한 수군 생활을 견디기 위해서는 이런 음식도 맛나게 먹어야 한다고 생각했다.

"래야, 이방원을 절대 잊어서는 안 된다. 항상 가슴에 새기고 있어야만 한다."

정진의 말을 들은 래의 얼굴에 할아버지 정도전의 복수를 꼭 하겠다는 결심이 나타났다.

"아버지의 뜻을 이어 할아버님의 원수를 꼭 갚겠습니다."

그러나 정진은 이곳을 벗어나기 어려워 원수를 갚는 것이 불가능하다는 생각에 고개를 숙였다.

"얘야, 어서 먹고 힘내자꾸나. 내일은 소나무를 벤다고 하더라."

"또 소금을 만들려나 보군요?"

"아니, 배를 만든다는구나."

"도끼가 오래되어 잘 베어지지도 않는데."

정진이 배를 만들고 소금을 만들기 위해 소나무를 베느라 닳아 없앤 도낏자루가 예닐곱 개나 된다. 정진은 자신의 힘든 신세에 깊은 한숨을 쉬었다.

"허허, 흠흠."

밖에서 인기척이 있었다. 수영인지라 군사들이 자주 오가고 누구나 드나드는 길옆에 있어 까치발로 서면 들여다보이는 게 이 방이었다.

"래야, 누가 왔나 보다. 나가 보아라."

'수군들이 칸칸이 들어차 사는 이 자그마한 행랑에 누가 찾아왔을까? 혹 제사 지내는 걸 누가 관리에게 신고한 것일까?'

다 같이 힘든 생활을 하는 수영이지만 아무 일도 아닌 것을 가지고 서로 다투는 것을 보면 저절로 한숨이 나왔다. 밥 한 톨을 가지고 다투는 일도 있었으니 정진은 양반 신분을 잊은 지 오래였다. 가끔 개나 소가 된 듯한 기분이 들 때도 있지만, '개나 소는 걱정이나 없지' 하며 쓴웃음을 지었다.

'그래, 밀고한들 어쩌랴. 더 물러설 곳도 없는데.'

래가 문을 열자 군관 한 명이 서 있었다. 평소에 정진 부자를 자주 괴롭히던 놈으로, 정진은 군관의 얼굴만 봐도 때려 주고 싶었다.

"무슨 일이오?"

"역적들이 아주 팔자가 좋네, 이 밤중에 밥을 지어먹다니. 어디서 훔치기라도 한 게요?"

"우리 몫을 조금씩 아껴두었다가 젯밥을 지은 거요. 그래, 무슨 일이오?"

"이를 어쩌나? 임금께서 당신네 부자를 죽이시려는지 한양으로 압송하라는 영이 내려왔거든."

"뭣이? 이방원이 기어이 우리 부자를 죽인단 말인가?"

"아니면 왜 압송하라겠소? 초병들이 당신들을 특별히 감시할 것이니 도망갈 생각은 아예 하지 마오. 아, 그리고 자꾸 왕의 이름을 함부로 부르네? 이제 그분은 왕자가 아니라 왕이란 말이야. 나야 당신들의 그런 말을 그냥 넘기지만, 누군가 당신들을 신고하면 아마 큰일 날 것이오."

군관은 생각해 주는 척 말하고는 돌아갔다.

'이방원이 제 형제들까지 죽이면서 왕이 되어 이제 우리 부자를 죽일 모양이로군. 하긴 아버지를 역적으로 몰아 죽였으니 자식인 나를 살려 두는 게 말이 안 돼. 이방원이 깔끔하게 뒤처리하려는 모양이지.'

정진이 한참 생각에 잠겨 있을 때 래가 걱정스럽게 물었다.

"아버지, 한양으로 가면 죽는 건가요?"

"생각 좀 해 봐야겠구나. 이 아비야 네 할아버지의 위신이 있으니 그러지 못하지만, 너는 기회를 보아 달아날 수 있으면 달아나는 게 좋겠구나. 어떻게든 핏줄은 이어야 하지 않겠느냐? 네 할아버지의 억울함을 풀어 드리려면 자손들이 복수의 마음을 잊지 말고 힘을 길러야 한단다."

"하지만 군관이 경고까지 했는데 무슨 수로 달아나요? 달아난들 딱히 갈 데도 없고요. 어디 머슴이나 소금 장수로 살아간다면 몰라도요."

"머슴이면 어떻고 소금 장수면 어떠냐, 다 같은 사람인데. 정신만 잃지 않으면 무슨 일인들 못하며, 무슨 신분인들 못 견디겠느냐. 나는 아버지의 원수를 갚을 수만 있다면 천년 머슴을 살아도 좋다. 한양까지는 길이 머니 도중에 기회가 생길 것이다. 할아버지의 복수를 가슴에 새겨라."

"하도 아버지한테 들어서 이제 귀에 딱지가 앉았어요."

"래야, 시대가 바뀌어도 정신은 그대로란다. 우리도 반드시 원수를 갚을 날이 있을 거다. 오원이 십육 년 만에 원수를 갚았다는데, 우린 어느새 십오 년을 허망하게 흘려보냈다. 그럴수록 더욱 더 복수심을 불태워 정신 차려야 한다."

"아버지, 우리를 도와줄 오나라가 세상 천지 어디에 있으며, 부차(중국 춘추시대 오나라의 왕) 같은 왕이 어디 있어요? 그런 말씀은 그만하시고, 옛날 친구들이라도 찾아 남은 가족들이라도 살 방도를 구하셔야지요."

"그래야지. 암, 그래야 하고말고."

정진은 자신의 마음을 따라 주지 않는 현실이 원망스러웠다.

'그동안 이방원이 우리 부자의 목을 자르지 않을까 두려워 벌벌 떨면서 지낸 것이 어디 하루 이틀인가.'

정진의 두려움은 꿈으로 나타나, 끌려가거나 죽음을 당하는 꿈에 온몸이 식은땀에 젖곤 했다. 정진은 아버지 정도전이 귀양살이하면서 그 답답함을 시로 나타냈던 마음을 알 것 같았다.

산새 울음 그치고 지는 꽃은 날리는데,
나그네는 돌아가지 못하고 봄만 돌아가네.
홀연히 부는 남풍에 정이 있는지,
뜰 안의 풀을 무성히 흩어 버리네.

이튿날, 아침으로 미역국과 기장밥, 흰 김치, 소금에 절인 무장아찌, 새우젓이 나왔다.
"래야, 여기 있는 것을 하나도 남기지 말고 먹어라. 오늘부터 한양까지 가려면 멀고도 험하니 조금이라도 더 먹어야 한다. 또 달아날 걸 생각하면 물 한 모금이라도 더 마셔야 하고."
밥을 먹고 나니 동료 수군들이 몰려왔다.
"이 도끼 나에게 줘."
"저 낫과 괭이는 나에게 줘."
동료 수군들은 별 시시하고 보잘 것 없는 살림살이를 달라고 졸랐다. 정진은 그들이 한편으로 섭섭하였다.

'이놈들은 내가 서울로 가면 죽을지도 모르는데, 걱정은 안 하고 물건만 달라고 하니, 허참!'

그렇지만 그들도 먹고 살기 바쁜 사람들이니 어쩔 수 없었다.

'서울로 가려면 거리가 멀어 짚신이 많이 필요하니 서로 맞바꾸자고 해야겠구나.'

정진의 머릿속에 짚신 생각이 떠올랐다. 정진은 자신이 가지고 있던 물건을 짚신으로 바꿨다.

마지막인데도 수사는 정진 앞에 나타나지도 않고 군관 놈들도 보이지 않았다.

'십오 년 전의 나였으면 이렇게 대접하지 않았을 텐데……'

정진은 세상인심을 원망하였다.

수군들은 배를 새로 만든다고 수영 훈련장에 모였다가 해안가 소나무 숲으로 나가고, 정진 부자는 왕명을 받들기 위해 수영 마루에 앉아 대기했다. 얼마 후 말 탄 관리가 나타났다.

"난 한양에서 왕명을 받들고 온 선전관이오."

'선전관?'

정진은 고개를 갸웃했다. 판중추원사나 웬만한 요직을 다 거친

그였지만 선전관을 보내 역적을 맞는 사례는 본 적이 없었다. 선전관은 왕명을 집행하는 사람이지 죄인을 호송하는 사람이 아니기 때문이었다.

"우리 부자를 잡아간다면서 웬 선전관이오? 포청에서 나오거나 형조에서 나오지 않고?"

"당신들은 중죄인들이기 때문에 함부로 다룰 수가 없어 내가 직접 온 것이오. 물론 눈을 부릅뜬 군사들이 창 들고 뒤따를 테니 달아날 생각은 말구려."

선전관의 말에도 정진은 여전히 고개를 갸웃했다.

선전관은 말을 타고 앞장서고 군사 두 명은 뒤에서 창을 들었다. 선전관을 따라온 하인 두 명은 멀찍이 떨어져 멋대로 걸었다.

호남 감영을 거쳐 공주 감영을 향해 가는 중에 논산 역관에서 하룻밤을 묵게 되었다. 그런데 무슨 일인지 역졸들은 공주 감영에 차출되어 세 명만이 남아 있고, 선전관은 늦도록 술을 마시다 잠자리에 들었으며, 하인 두 놈은 방 앞에 앉아 졸고 있었다. 그래서 정진은 생각했다.

'선전관은 술에 취해 자고 하인들은 졸고 있으니 도망가기에 오늘이 가장 좋은 날이다. 지금 탈출해야겠구나.'

정진의 눈빛을 바라보던 래가 말했다.

"아버지, 지금 달아나야 하지 않을까요?"

"그래, 어서 가자."

딱히 갈 데는 없었다. 일단 몸을 빼낸 뒤 생각해 보기로 했다. 전라 수영에 처음 잡혀갈 때는 밤마다 달아나는 꿈을 꾸었지만 갈 데가 없었다. 명으로 갈 수도, 왜로 갈 수도 없었다. 간다면 유구(일본 오키나와의 옛 지명)가 좋겠지만 거긴 너무 멀어 꿈에서조차 갈 수가 없었다. 꿈은 항상 이방원의 수하들이 새카맣게 쫓아오는 것으로 끝나곤 했다.

살그머니 역관을 나와 밤길을 나섰다. 논두렁길이 어둠 속으로 뻗어 있었다. 그때 선전관이 잠든 방에 갑자기 불이 밝혀지더니 하인을 부르는 소리가 들려왔다.

"가서 죄인을 데려와라."

"예이."

정진의 생각은 복잡해졌다.

'큰일이다. 뛰어 봐야 소용이 없다. 군사가 없다 해도 역졸이 세 명이나 되고, 역관 마구간에는 말까지 있지 않은가.'

정진은 곧 도망가기를 포기했다.

"래야, 일단 방으로 돌아가자. 어서."

래도 눈치가 있어 탈출이 불가능하다는 걸 알고는 먼저 뛰기 시작했다.

초롱불이 흔들흔들 둘이 있던 방 쪽으로 가고 있었다.

'하인이 우리보다 먼저 갈 것 같다. 그럴 바에야 내가 먼저 부르는 수밖에…….'

정진은 머리를 빠르게 움직였다.

"래야, 너는 돌아가라. 내가 여기서 하인을 부르마. 둘 다 나와 있으면 의심을 받을 테니 나 하나만 나온 것으로 하자."

"예, 아버지."

"흠흠."

정진은 헛기침을 두어 번 했다. 그래도 하인이 듣지 못하고 종종걸음으로 마당을 가로질렀다.

하는 수 없이 정진은 하인에게 말을 걸었다.

"혹시 나를 찾소?"

그제야 하인은 뒤를 돌아다보았다.

"아니, 당신 지금 달아나던 중이었소?"

"달아나긴! 잠이 오지 않아 달구경을 하고 있었소."

"달아나면 바로 죽으니 꿈도 꾸지 마시오."

하인이 눈치를 챈 모양이니 잡아떼야 했다.

"이 밤중에 초롱불을 들고 어딜 가시나 궁금해서 물었소."

"선전관이 당신을 불러오라잖소."

하인은 앞장서서 선전관이 묵고 있는 방으로 향했다. 정진은 시치미를 떼고 하늘거리는 초롱의 그림자를 따라 걸어갔다. 오늘 밤 탈출은 이래저래 틀렸다.

"대령했는데 어쩔깝쇼?"

"들라 이르라."

하인이 손으로 방문을 가리켰다. 방문을 열고 들어서니 선전관은 속옷 차림으로 앉아 있었다. 자려다 일어난 모양이었다.

"잠을 청하려다 갑자기 생각나 말씀드리오."

'말씀드리오'라니, 이제까지 듣던 말투와는 전혀 달랐다.

"저는 삼봉 어른이 추천하여 벼슬하게 되었소. 삼봉 어른이 화를 당하실 때 지방에 있어 화를 피하다 보니 지금 이곳에 있는 것이라오. 혹시 도망갈 생각은 하지 말라는 것이오."

"무슨 말이오? 그래서 우리 부자를 아예 죽이겠다는 거요?"

결국 선전관이 먼저 사정을 털어놓았다.

"주상 전하께서 은혜를 베푸셨소. 도성에는 들어오지 말고 서울 근처에 살라고 하셨소. 그래서 내가 알아보니 돌아가신 삼봉 어른께서 삼각산에 산 적이 있다던데, 낡기는 하나 아직 집이 남아 있고 채소 심을 수 있는 땅도 좀 있는 걸로 알고 있소. 원한다면 그리 가서 농사를 지으며 남은 생을 보내는 게 어떻겠소? 평민이 된 가족들도 만나게 해 주겠소. 삼봉을 기리는 조정 관리들이 가까스로 만든 작품이니 너그러이 받아 주시오."

"그럼 우리는 이제부터 삼각산으로 가면 되는 것이오?"

"그렇소. 이곳에서 잠을 자고 내일부터 우리는 한양으로 갈 것이니, 당신들은 삼각산으로 가시오."

방에서 나온 정진은 삼각산 삼봉재로 갈 수 있다는 것이 무척 기뻤다. 삼각산 삼봉재는 아버지 정도전이 서당을 열어 제자들을 가르친 곳이기 때문이었다.

다음 날부터 정진과 래는 부지런히 걸음을 옮겼다. 삼각산에 도착한 정진은 그리던 가족들을 만나, 감나무의 가지를 치고 풀을 베어다 퇴비를 만들고 텃밭을 일궈 채소를 심었다. 정진은 삼각산 안에 숨어 조용히 지내며 밭일을 하고, 책을 쓰며 지냈다.

시간은 무척 빨리 흘렀다. 아버지 정도전의 제사를 지낸 다음 날 수군에서 벗어났는데, 벌써 일 년이 지나 다시 제사가 돌아왔다. 이번 제사에는 정진 부자만이 아니라 정진의 어머니와 아내, 제수와 조카들까지 한양에서 찾아와 다 같이 절하고 차를 끓여 바칠 수 있었다. 정진의 어머니는 기뻐하며 말했다.

"이제야 제사다운 제사를 지내는구나."

정진 부자가 바친 제사는 보잘 것 없었지만, 그래도 정진의 어머니가 드린 제사는 제물이 비교적 넉넉했을 것이다.

"제기며 병풍이며 없는 것 없이 그럴 듯했지만, 나는 큰아들과 큰손자가 없는 제사를 지내는 게 늘 마음이 아팠단다."

정진은 어머니의 말에 눈물이 핑 돌았다. 정진은 제사를 끝내고 마당으로 나와 하늘에 떠 있는 달을 보며 아버지를 회상했다.

"당신, 혹 정진이오?"

사립 밖에서 누군가 차디찬 목소리로 정진의 이름을 불렀다.

'이 산속에서 누가 내 이름을 안단 말인가? 이 쓸쓸한 삼봉재 아래 내 이름을 아는 사람이 누굴까? 혹 있더라도 이처럼 대놓고 내 이름을 부르는 사람은 대체 누구인가?'

정진은 시치미를 뗐다.

"난 모르는 사람이오만, 누구를 찾소?"

"이것을 읽어 보오."

그림자는 정진에게 뭔가를 건넸다.

편지인 듯했다. 정진의 가슴은 두근거렸다.

정진은 사랑채의 부엌으로 가 봉투를 뜯고 서찰을 열어 불빛에 비쳐 보았다. 먹물 빛이 검게 비친다. 글은 없고 수결만 있었다.

'이건?'

아직도 눈에 선한 이방원의 수결이었다. 십오 년 전만 해도 이방원과 정진 사이에 심심찮게 편지가 오갔고, 그 편지마다 수결이 멋지게 붙어 있었다. 수결은 자기의 성명이나 직함 아래에 도장 대신에 자필로 직접 써 놓은 글자를 말한다.

정진이 사립으로 다가가자 그림자가 입을 열었다.

"부르십니다."

정진의 머리가 복잡했다. 정진은 집을 나서며 어머니께 인사했다.

"어머니, 산책하고 오겠습니다. 늦을지 모르니 먼저 주무십시오."

어머니를 비롯한 가족들은 걱정스러운 눈빛으로 집을 나서는 정진을 바라보았다. 정진은 그림자가 안내하는 대로 말에 올라 빠른 속도로 달렸다. 어두컴컴한 오솔길을 달리자니 큰 나무 기둥들이 휙휙 지나가는 듯했다. 말을 타 본 지 오래되어 엉덩이가 금세 얼

얼해졌다. 한참을 달리니 보라색 끈으로 둘러친 붉은색 천막이 보였다. 천막 안으로 들어서자 어디선가 본 듯한 인물이, 아니 다소 낯선 인물이 긴 의자에 앉아 있었다. 바로 태종 이방원이었다.

그는 정진을 보자 웃음으로 맞았다. 정진은 그토록 미웠던 태종이었지만 막상 얼굴을 보자 이상하게도 반가운 마음이 생겼다. 하지만 정진은 반가운 마음을 겉으로 표시하지 않으려 노력했다.

"게 앉으시게."

자리를 권한 태종이 내시에게 명령했다.

"충녕(후에 세종이 됨)을 들게 하라."

'충녕? 이방원의 아들 도를 말하는가 보다. 세자는 양녕이라는 소문이 있던데 왜 충녕을 부를까?'

정진의 머릿속에 온갖 생각이 스쳐 지나갔다.

"아바마마, 소자 대령했습니다."

빨리 오는 걸 보니 미리 대기시킨 모양이었다.

"밖에 정진의 아들 래도 있는가?"

"예이."

'래라니? 우리 아들 래와 속은 집에 있었는데 그새 붙들어 왔단 말인가. 왜 우리 래까지 잡아 왔을까?'

아니나 다를까 래가 겁에 질린 표정으로 들어섰다.

"아버지."

정진은 두려움에 떠는 래의 손을 잡아 주었다. 이방원은 정진 부자에게 미소를 보내며 입을 열었다.

"모두들 들으라. 지금부터 내가 하는 이야기는 이 행궁 밖으로 새어 나가서는 안 된다. 우리 이씨를 대표하여 나와 도, 너희 정씨를 대표하여 진과 래, 단지 우리 넷이면 충분하다. 나는 지금 나라 이야기를 하자는 게 아니라 우리 두 집안의 이야기를 하자는 것이다. 그러니 래는 떨지 말고 내 말을 귀담아 들어라."

"예, 저, 전하."

래는 꾸벅 머리를 숙였다.

"우리 두 집안은 이 나라를 세우는 데 큰 공을 세운 형제와 같은 집안이다. 서로의 생각이 달라 짐이 정씨 집안에 해를 끼친 점을 이 자리를 빌려 사과하노라."

태종이 정진과 래의 손을 잡으며 말했다. 정진은 그런 태종의 손이 따뜻하게 느껴졌다. 이러면 안 된다고 속으로 계속 다그쳤지만 마음과 행동이 따로 놀았다. 정진은 안타까웠지만 태종의 사과를 받아들였다. 아버지 정도전이 죽음을 당한 지 십육 년 만에 정씨와

이씨의 화해가 이루어진 것이다. 태종은 충녕에게 당부하는 말도 잊지 않았다.

"도야, 너는 앞으로 정진을 비롯한 정씨 집안의 일에 아낌없이 힘을 주어야 하느니라."

"명심, 또 명심하겠나이다."

네 사람은 술잔을 높이 들어 화해의 건배를 하였다.

정진은 예순일곱에 죽었는데, 그의 부고를 받은 세종은 사흘 동안 조회를 하지 않고 장례에 필요한 물건을 보냄은 물론 제물을 보내 제사까지 지내게 하고 '희절'이란 시호를 내렸다. '희절'이라고 한 것은 정진이 몸가짐을 조심하고 청렴결백했기 때문이었다.

세종이 역적의 아들 정진의 영전에 지어 보낸 제문은 이러했다.

몸을 바쳐 신하가 됨에, 마음이 처음부터 끝까지 한결같았으니, 공을 갚고 덕을 높이매, 예의는 마땅히 슬픔과 영화에 극진해야 할 것이다. 생각하건대 경은 천성이 곧고 순수하며, 품행이 온화하고 근신하였다. 맑고 깨끗함으로 몸을 지키고, 청렴하고 조용하여 화려함이 없었다.

정도전의 아들 정진이 이처럼 극진한 세종의 사랑을 받으며 이씨와 정씨의 화해가 이루어진 것이다.

도담삼봉이 어디인가요?

　도담삼봉은 충청북도 단양군에 있는 명승지예요. 단양팔경의 하나로, 남한강 상류 한가운데에 3개의 기암으로 이루어진 섬을 말한답니다. 한강의 맑고 푸른 물이 유유히 흐르는 강 한가운데 높이 6m의 늠름한 장군봉(남편봉)을 중심으로 왼쪽에는 첩봉(딸봉)과 오른쪽의 얌전하게 돌아앉은 처봉(아들봉) 등 세 봉우리가 물 위에 솟아 있어요. 가운데 남편봉이 아들을 얻으려고 왼쪽 애첩봉을 바라보니 오른쪽 처봉이 그 꼴이 보기 싫어 돌아앉은 모양새라며 그렇게 이름 붙었다고 전해져요.

　정도전은 어린 시절을 단양에서 보냈는데, 도담삼봉 때문에 단양군이 정선군에 매년 세금을 바쳤다고 해요. 원래 강원도 정선군의 삼봉산이 홍수 때 떠내려와서 지금의 도담삼봉이 된 것인데, 그것을 빌미로 정선군 측에서 단양군 측에 세금을 내라고 요구했다고 해요. 이 사실을 알게 된 어린 나이의 정도전은 "삼봉산은 우리가 달라고 한 것이 아니다. 오히려 삼봉산이 물길을 막아 단양 사람들에게 피해를 주고 있으니 어서 가져가라."고 말했고, 정선군에서는 할 말이 없어 그 뒤부터 세금을 내지 않게 되었다는 이야기가 전해지고 있어요. 이 일화로 정도전이 어릴 적부터 천재적 면모를 갖추고 문제를 해결하는 능력이 뛰어났음을 짐작할 수 있습니다. 정도전은 또 자신의 호를 '삼봉'이라고 지었는데, 도담삼봉을 매우 사랑했기 때문에 '삼봉'의 이름을 따왔다고 전해지고 있어요.

남한강 수운이 번창하던 시기에 도담리에서 하괴리로 가는 도담 나루와 하괴 나루에는 소금 배와 뗏목들이 몰려들어 물산이 넘쳐났고, 경강상인과 봇짐 장수들이 흥청거렸던 곳이에요. 지금도 당시에 불려졌던 '띠뱃노래'와 '용왕제 소리', '짐배 노래'가 매포 민요로 전승되고 있지요. 2008년 9월 9일 명승 제44호로 지정되었어요.

충청북도 단양에 있는 도담삼봉

서러웠던 어린 시절

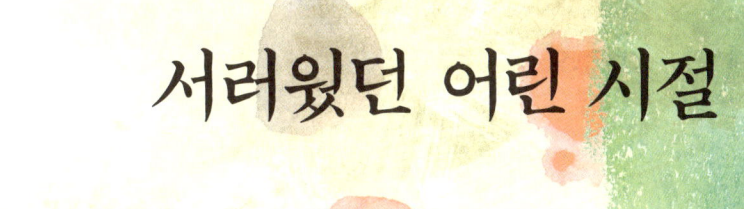

　형일의 활시위가 팽팽해져 한동안 파르르 떨었다. 옆에서 지켜보는 도전도 긴장하기는 마찬가지였다.
　어릴 적부터 벗으로 지내 온 형일과 도전, 두 사람은 서로의 실력이 생각보다 만만치 않음을 느꼈다. 형일의 집도 이름난 집안으로 도전네와 형일네는 오래전부터 왕래가 있었고, 같은 선생님 밑에서 수학하는 학당 동기간이었다. 집안 대대로 문관 출신이었지만 글을 읽는 것만큼 활쏘기는 정신 수양에 도움이 되기 때문에 도전이나 형일이나 무술로 함께 익히고 있었다.
　궁술을 웬만큼 익힌 뒤부터는 둘 다 활쏘기를 서로 가늠해 보고 싶은 욕구를 느꼈으나 내색하지 않고 있었다. 그러다가 형일 쪽에서 먼저 시합을 걸어와 오늘 학당 학인들이 지켜보는 가운데 정식으로 기량을 겨루게 된 것이었다.

얼마쯤 지났을까, 너무 긴장한 탓인지 형일의 다리가 풀리면서 진땀을 흘리다가 땅바닥에 나동그라졌다. 쓰러진 형일은 얼굴을 감싸 쥐었지만 파랗게 질린 상태였다.

도전은 쓰러진 형일을 일으켜 주기 위해 다가갔다.

"우리가 너무 시합에 몰두한 모양이야."

그러나 도전을 바라보는 형일의 눈에 분노의 불꽃이 일었다.

"도전, 아무리 내가 시합하자고 했지만, 내게 이럴 수가 있어? 그렇게 이기고 싶었어?"

"그건 오해야, 나는 단지……."

형일은 친구들 앞에서 보기 좋게 진 것이 굴욕인 모양이었다.

"미안해."

"천출(천한 출신)은 역시 별 수 없군."

형일은 혼잣말처럼 중얼거렸다. 그러나 앞에 있는 도전의 귀엔 그 어느 말보다 날카로운 비수가 되어 깊게 박혔다. 또한 숨을 죽이고 둘러서서 두 사람의 동태를 살피고 있던 학인들의 귀에도 커다란 충격파로 전달되었다.

"천출이라니? 우리 아버님은 상서 대감 출신인데, 이리 깔보는 거야?"

동생 도존이 화가 치밀어 나섰다. 지난해부터 같은 학인이 된 도존은 학인들 틈에 끼여 도전과 형일의 대결을 지켜보고 있었다.

"노비의 피가 흐르는 천한 몸이라면서."

"뭐야? 이 자식이!"

도전은 형일의 멱살을 잡고 흔들었다. 금방이라도 주먹을 날릴 기세였다.

"이런 천치 같은 종의 피가 흐르는 놈이 어찌 문벌가를 모욕하려 호기를 부려?"

형일의 말에 도전은 잡았던 멱살을 맥없이 놓았다. 그러면서도 도전은 학인들에게 일침을 놓았다.

"나도 모르는 소리를 어디서 주워듣고 떠드는지 모르겠으나, 근거도 없이 떠도는 말을 입에 담는 것은 소인배나 하는 짓. 만에 하나 그게 사실이라 하더라도 우리 아버님은 형부상서(오늘날 법무부 장관에 해당되는 정이품 벼슬)를 지내신 문벌가 집안이라는 것을 잊지 마. 누구든 또 그런 소리를 입에 올렸다가는 내 주먹이 용서치 않을 거야."

사실 도전도 그런 이야기가 떠돈다는 사실을 알고 있었다. 도전은 1342년 아버지 형부상서 정운경과 어머니 영천 우씨 사이에서 맏아들로 태어났다. 본관은 봉화이다. 유학자이면서 형부상서를 지낸 아버지 정운경은 세 아들을 두었는데, 장남인 도전(道傳)은 '도를 전하고', 차남인 도존(道存)은 '도를 간직하고', 삼남인 도복(道復)은 '도를 회복하라'는 뜻으로 이름 지었다고 한다. 우현보의 친척이면서 스님이었던 김진이 우현보의 집에 왔다가 노비였던 수이의 아내를 부인으로 삼아 딸을 낳았다. 이후 우연이라는 사람과 결혼시켜 낳은 딸이 정운경의 부인이자 도전의 어머니였다. 결국 도전의 외할머니가 노비라는 말이었다.

형일의 입에서 나온 '천출'이라는 단어는 묘한 힘을 발휘했다. 이 말 때문에 학당 학인들의 눈치가 달라졌다. 도전이 나타나면 더러운 것을 피하듯 재빨리 그 자리를 뜨는 축도 있었고, 감히 어딜 오냐는 듯 눈을 부라리며 위아래로 훑어보는 학인들도 있었다.

아무도 도전과 말하지 않았다. 그들은 도전과 도존에게 거리를 두고 대했고, 도전과 도존을 볼 때마다 빈정댔다. 그러나 도전을 대놓고 따돌리지는 못했다. 외할머니가 노비의 몸에서 태어났다는 소문을 사실로 믿고는 있었으나, 도전의 아버지는 형부상서를 지낸 번듯한 문벌가였기 때문이다.

그래도 도전은 학인들의 배타가 견디기 힘들었다. 몇몇 교우가 두터운 친구들도 주변의 강압에 도전을 본척만척할 때는 더욱 괴로웠다.

며칠 후 학당에서 학인들에게 하문(배운 바에 대해 질문함)하는 날이었다. 하문 날은 어느 날로 딱히 정해져 있는 것이 아니었다. 단지 선생님이 학인들의 실력을 알아볼 만한 때가 되었다고 생각하면 사나흘 전에 문하 중 한 사람에게 통고했다. 그러면 그 학인이 알아서 다른 학인들에게 연락을 취하여 이루어졌다. 이곳에만 있는 이 하문 제도는 학인들의 학문을 높이는 독특한 가르침이었다.

하문에 빠지거나 삼문(세 번 물음)까지 제대로 답하지 못하면 상급으로 올라갈 수가 없었다.

그날도 도전은 평소와 다름없이 학당에 나갔다. 그러나 도전은 다른 학인들이 하문에 답할 준비를 하고 있는 것을 보고 깜짝 놀랐다. 오늘 하문이 있다는 이야기를 아무에게도 전달받지 못했기 때문이었다. 친하게 지냈던 친구들도 귀띔조차 해주지 않았다. 다들 도전을 골탕 먹이기로 의기투합했음에 틀림없었다.

도전이 학당에 들어서자 학인들의 눈이 일제히 도전에게 쏠렸다. 그리고 동시에 그 시선을 거두어 갔다. 형일 역시 도전을 흘낏 쳐다보았다. 어디 한번 당해 봐라 하는 눈빛이었다. 소외감과 분노가 도전의 온몸을 휩싸고 돌았다. 그러나 그런 심중을 들키고 싶지 않은 오기가 마음 한구석에서 뻗쳐 올라왔다. 도전은 태연하게 제자리에 가 앉았다.

"형, 나도 전혀 몰랐어. 저 녀석들이 우리 형제한테만 말해 주지 않은 거야."

도존이 살며시 다가와 나직한 목소리로 말하고는 제자리로 돌아갔다.

선생님의 하문이 시작되었다. 일문, 일문이 끝날 때마다 탄성과 한숨 소리가 엇갈려 나왔다. 서너 번째 순서였던 동생 도존은 가까스로 넘어갔다.

이번엔 도전 차례였다. 도전이 학당에 들어설 때와 똑같이 모든 시선이 도전에게 쏠렸다. 마침내 선생님의 입이 열리고 매서운 질문이 떨어졌다.

"중(中)과 화(和)에 대해 말해 보아라."

학인들이 호기심이 가득한 얼굴로 도전을 지켜보았다. 이런 질문이라면 누구도 수월히 대답할 수 없었기 때문이었다. 단순히 '가운데 중(中)', '화합할 화(和)'를 묻는 게 아닌 것이다.

"중과 화는 『중용』에 나오는 말입니다. 기쁨과 노여움과 슬픔과 즐거움이 나타나지 않는 것을 중이라 하고, 나타나서 다 절도에 맞는 것을 화라 이릅니다. 중이라는 것은 천하의 큰 근본이고, 화라는 것은 천하의 도를 일컬음입니다."

평소에 공부를 많이 해 두었던 터라 막힘없이 답이 나왔다. 도전의 답이 끝나자 선생님이 고개를 끄덕이며 빙그레 웃음을 지었다.

그러나 도전은 하문을 통과한 것이 기쁘지도 않았고, 다른 학인들을 보란 듯이 누른 통쾌함도 느껴지지 않았다. 서럽고 허망했다.

'이럴 때일수록 용기를 잃지 말아야 돼. 나의 목표를 이룰 때까지

참고 또 참는 거야.'

도전은 수없이 되뇌며 다짐하였다.

어느덧 도전은 학당의 모든 공부 과정을 끝마쳤다. 도전의 어머니 우씨는 도전을 축하하고 선생님께 고마움을 표시하기 위하여 떡을 하였다. '책씻이'라 불리는 것으로 오늘날의 책거리에 해당한다. 옛날 학당에서는 따로 수업료를 받지 않고 여름과 가을에 추수가 끝나면 쌀과 보리를 조금씩 받거나, 겨울철에 땔감을 받는 것으로 수업료를 대신하였다. 그리고 한 과목의 진도가 끝나면 책씻이라고 하여 학인의 집에서 떡과 음식을 준비하여 학당으로 가는 것이었다.

도전의 어머니가 떡이 다 되어 서당으로 가지고 갔을 때 선생님이 어머니에게 말했다.

"저 아이에게 좀 더 훌륭한 선생님이 필요하겠어요. 제가 가르칠 것이 더 이상 없습니다."

선생님의 말에 어머니는 기뻐하였다.

"모든 것이 다 선생님의 덕택이지요."

정도전은 어떻게 공부를 잘하게 되었나요?

　정도전이 회진현에서 영주로 귀양지가 바뀌어 머물러 있을 때였어요. 정도전에게 많은 도움을 주었던 정몽주가 『맹자』를 보내 왔어요. 『맹자』는 임금이 덕을 잃으면 그 신하가 역성혁명(왕조를 바꾸는 일)을 할 수 있다는, 그 당시로서는 생각할 수 없는 주장이 담겨 있는 책이었지요. 정도전이 고려 왕조에 대한 희망을 버리고 이성계와 조선을 세우는 계기를 만든 책이라 할 수 있답니다.

　정도전의 명성은 고려 안에서 널리 알려진 때였으므로 영주에 살고 있던 많은 선비들이 찾아왔어요. 정도전은 그들과 제자백가사상에 대해 토론하고 있었어요. 제자백가사상은 중국 춘추전국시대에 나타난 여러 사상과 사상가를 말해요. '인'과 '효'를 주장한 공자의 유가, 자연을 배우자는 노자의 도가, 법치주의를 주장한 한비자의 법가 등 백여 가지의 사상이 있어 제자백가라고 해요.

　"포은 선생이 책을 보내 왔습니다."

　"무슨 책입니까?"

　"『맹자』입니다."

　선비들은 정몽주가 정도전에게 책을 보낸 것에 대해 불만과 시기를 나타냈어요. 그러자 정도전이 말했어요.

　"『맹자』는 뜻이 깊고 이해하기 어려운 책입니다. 그래서 아직까지도 『맹자』에 대한 저의 부족함을 느껴 일부러 부탁한 것입니다."

　잠시 좌중의 선비들을 돌아보고 난 다음 말을 이었어요.

"책은 누구나 읽고 있습니다. 하지만 외우기만 하고 이를 깨닫고 실천하려고 하지는 않습니다. 저는 부족함이 많아 책을 읽으면서 머리로 정리하고, 이를 다시 지금 일어나는 일과 비교하면서 읽고 있습니다. 그러다 보니 책을 읽는 속도가 매우 느려 하루에 반장이나 많아야 한 장 정도의 책을 읽고 있습니다."

정도전의 말에 선비들은 놀라면서 자신들의 독서법을 되돌아보게 되었어요. 책을 외우기만 하는 것이 아니라 자신의 삶과 비교하고 실제로 이 지식들을 어떻게 사용할지 고민하면서 독서하는 것이 정도전의 독서법이에요. 어떤 공부를 하든 그 지식을 어떻게 사용할지 고민하는 과정이 있어야 지식을 제대로 받아들일 수 있어요. 정도전은 이러한 사실을 알았고, 어렸을 때부터 이러한 독서, 공부 버릇을 들여왔던 것이지요.

정도전과 친구이자 경쟁관계였던 정몽주

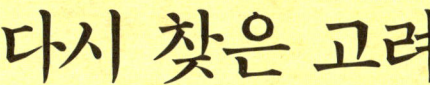

다시 찾은 고려

　형인 충혜왕(헌왕), 그리고 충목왕(현왕)과 충정왕(의왕) 두 조카가 차례로 죽어가는 동안 왕전은 대도(현재의 북경)에 머무르고 있었다. 대도는 원나라의 수도로 도시 문화가 발달하여 눈부실 정도여서 지상낙원인 듯하였다. 원나라는 특히 색목인(色目人)이라고 하는 서남아시아와 유럽 사람들을 우대하여 행정 실무를 담당하게 했다. 그 결과, 동양의 문화와 서양의 문화가 합쳐져 장엄한 문화를 가진 도시가 되었다.

　하지만 왕전은 그 문화를 즐길 형편이 못되었다. 그가 대도에 있으면서 한 일은 토곤테무르(순제)와 말벗을 하고 호위하는 것이었다. 열두 살에 원제국의 숙위가 된 왕전은 무려 십 년간 원나라의 황제를 가장 가까이서 지켜본 사람이었다.

　"숙위 왕전, 나가서 우리 아들 잘 놀고 있나 보고 오게!"

기황후에게서 이런 명령이라도 떨어지면 부리나케 뛰어나가던 어린 숙위 왕전은 기황후가 보기에 예쁘고 똑똑할 뿐인 사람이었다. 그는 기황후에게 하찮은 존재였기 때문이었다.

그러나 왕전은 기회를 노리고 있었다. 그는 자신의 형인 충혜왕(헌왕)이 기황후의 오빠인 기철의 모함으로 붙들려 왔다가 유배 길에서 끝내 죽음을 당하는 것을 보았다. 왕전보다 열다섯 살이나 많은 형이었지만 헌왕은 그때 겨우 스물아홉 살 청년이었다. 고려 여인이었던 기황후를 황후로 만든 환관 고용보는 기세등등하여 고려 국왕들을 모욕하였고, 기황후의 기세도 날로 더해갔다. 왕전은 대도에 있는 동안 이를 갈면서 고려를 다시 일으켜 세우겠다는 꿈을 키웠다. 그러나 왕전의 그러한 생각과 결심을 기황후는 알지 못했다. 왕전은 고려 왕손임에도 불구하고 자신의 아들의 말동무나 하는 바보 같은 사람이라고 생각했다. 기황후는 만만한 왕전이 고려 임금이 되어야 고려를 마음대로 움직일 수 있다는 생각에 그를 고려 국왕으로 임명하였다.

귀국한 왕전은 드디어 공민왕이 되었다. 신임 국왕에게 공부를 많이 한 학자들과 대신들이 모여 나라를 다스리기 위한 정책을 제

안하였다. 공민왕은 고려를 개혁하기에 좋은 정책들은 받아들였다. 그리고 백성들의 옷 입는 문화부터 시작해서 작은 부분까지 관심을 기울였다.

"어서들 오시오. 어떻게 개혁을 추진할 것인지는 생각해 보았소?"

"예, 전하"

"의견을 말해 보시오."

"우선 전하께서 하고 계시는 변발을 풀고, 입고 계시는 호복을 벗는 것이 급하다고 생각합니다. 변발을 풀고 호복을 벗는 것은 원나라의 지배와 간섭으로부터 벗어나겠다는 의미입니다."

"그대들의 말을 들으니 맞는 것 같군."

머리를 뒷부분만 남기고 나머지 부분을 깎아 뒤로 길게 땋아 늘였던 원나라의 특이한 풍습인 변발이 고려로 넘어와 고려 사람들도 변발을 하고 있었다. 또 고려 사람들은 원나라 사람들의 옷인 호복도 따라 입고 있었다.

마침내 공민왕은 1351년 1월에 법을 발표하였다.

앞으로 몽골식 의복이나 변발을 하지 말라.
만약 이를 어길 경우에는 엄하게 처벌하리라.

변발과 호복이 충렬왕의 명령으로 시작된 이래 팔십 년 만에 없어진 것이다. 이때 감찰대부 이연종은 공민왕의 정책을 칭송하면서 '먼저 왕의 잘못된 정책은 과감히 벗어던져야 합니다.'라고 하였다.

고려를 다시 찾으려는 공민왕에게는 기황후의 오빠인 기철과의 싸움이 기다리고 있었다. 원나라에서 실질적으로 권력을 잡고 있는 기황후의 오빠인 기철은 고려를 자신의 뜻대로 하려고 했고, 툭하면 어전(임금이 있는 궁전)까지 들어와 큰 소리를 질러댔다.

"아니, 국왕! 듣자하니 변발과 호복을 폐지한다고?"

"덕성부원군, 오셨습니까?"

"뭐, 덕성부원군? 뭘 모르시는군. 누가 전왕의 옥새를 빼앗아 당신에게 주었소?"

"그야 부원군께서 조카 왕자를 시켜서 했지요."

"잘 아시는 분이 그런 철없는 말씀을 하셔? 난 정동행성의 참지정사로서, 또 고려국의 정승으로서 귀하를 국왕에 앉히기 위해 조카를 다루가치(원나라가 고려 점령 지역에 두었던 벼슬)로 임명하는 등 큰 활약을 했단 말이오. 요즘 젊은 것들은 왜 어른을 섬길 줄 모를까?"

공민왕은 스물네 살이었고 기철은 이미 마흔이 넘었다.

"서로 껄끄럽지 않도록 국왕께서 우리 영안왕부(榮安王府: 기철의 아버지인 기자오의 집)에 한번 놀러 오시든지, 아니면 정동행성으로 놀러 오시구려. 좋은 게 좋은 거 아니겠소?"

"하여튼 말씀은 잘 들었습니다."

공민왕은 기철의 세력을 쫓아내고 싶었다. 공민왕은 학자들과 신하들을 불렀다.

"지금 기철 일파를 제거해야만 원나라의 감시를 벗어날 수 있으며, 우리가 목표로 하는 개혁을 이룰 수 있소. 어떻게 해야 기철 일파를 쫓아낼 수가 있겠소?"

"우선 기철의 힘이 나오는 정동행성을 없애는 것이 좋겠습니다."

"알았소. 그대들의 뜻대로 하겠소."

며칠 후 토곤테무르의 생일이 되어 공민왕은 정동행성에서 열리는 잔치에 갔다. 그런데 마중 나온 기철이 공민왕과 말머리를 맞추며 우쭐하였다. 공민왕과 자신이 같은 지위임을 백성들에게 나타내고자 한 것이었다. 그러나 그 뜻을 알아챈 공민왕이 신호를 보내자, 조일신 등 날랜 무사들이 기철의 말을 막아섰다. 큰 말 몇 마리가 엉덩이를 비벼 대자 기철은 순식간에 수십 보 밖으로 밀려났다.

이렇게 공민왕은 기철에게 싸움을 걸었다.

그날 잔치에 억지로 참여한 공민왕은 어차피 붙을 싸움이라고 생각하고 먼저 공격하기로 결심했다.

"원나라 황제의 생일잔치를 왜 고려에서 하느냐! 당장 군대를 보내어 정동행성을 해산시켜라. 건물은 때려 부수고, 책상이며 서류는 모두 빼앗아라! 몽골 관리들은 대도로 쫓아내고 고려 관리들은 집으로 돌려보내되, 말을 듣지 않는 놈은 목을 쳐라!"

공민왕은 신하들과 계획한 대로 움직였다. 그러자 기철은 즉시 부하를 대도로 보내 공민왕의 반역을 일러바쳤다.

기철의 힘을 빼고 나아가 고려를 좌지우지하는 기황후와 싸움을 각오하던 공민왕에게 마침내 원나라 황제 토곤테무르에게서 편지가 왔다.

고려 국왕에게 바라노니 하늘을 우러러 다짐한 형제국의 의리를 들어 본국의 어려움에 대한 고려 국왕의 도움을 기다린다. 지금 본국은 도적떼가 들끓어 백성들의 생활이 어려움에 빠지기를 열에 아홉이다. 황실의 위엄 또한 무너질 지경에 있다. 고려 왕은 전에 내가 준 도끼와 갑옷으로 속히 도와주기 바란다.

관리들과 공민왕은 손뼉을 치며 웃었다.

"지금 자기들 코가 석 자이기에 정동행성에 대한 미련은 없는 듯합니다. 편지를 가져온 사신을 불러 원나라의 사정을 알아본 후에 후속 대책을 마련함이 좋을 듯합니다."

"그럽시다."

"그리고 폐하, 이제 원나라의 간섭을 벗어나려고 할 때이므로 원나라에 의해 강제로 낮추어진 말들을 원상회복해야 합니다. 그러므로 앞으로 전하를 '폐하'라고 불러야 합니다."

"알겠소. 짐이 미처 생각하지 못한 것이군요."

공민왕이 혼자 조용히 앉아 책을 읽고 있을 때 문을 박차고 들어서는 사람이 있었다. 바로 기철이었다.

"왕전 이놈, 어디서 함부로 날뛰느냐?"

공민왕은 아무리 기황후의 기세가 등등하다고 하지만 자신이 임금인데 기철이 위아래 없이 날뛰는 것이 기가 막혔다. 그렇지만 공민왕은 차분하게 대응하였다.

"부원군, 무슨 일이시오?"

"왕전, 호복과 변발을 못하게 하는 것도 원나라 황제 폐하와 기황후 마마께서 크게 꾸짖을 일인데도, 이번에는 정동행성을 없앤다고?"

"정동행성은 원나라가 우리 고려를 감시하기 위해 설치한 기관이 아닙니까?"

"무슨 말이요? 원나라가 고려에 베푸는 은혜가 얼마나 큰데 그따위 말을 하고 있소?"

이때 누군가가 들어섰다. 기철이 공민왕에게 행패를 부린다는 전갈을 받고 내전에서 부랴부랴 온 노국 왕비였다. 노국 왕비는 원나라 위왕의 딸로 이름은 보탑실리이며 노국대장공주다. 왕비는 원나라 종실의 딸이었다. 공민왕이 원나라에 있던 시절 결혼했는데, 고려의 왕이 되면서 함께 개경으로 왔다. 노국 공주는 공민왕이 개혁정책을 실천하는 동안 반대하기는커녕 자신은 고려에 시집을 왔으니 고려 사람이라고 하면서 공민왕을 도왔다. 노국 왕비는 아름답고 영특하며 공민왕에게 내조를 잘하는 어진 왕비였다. 기철의 행동을 지켜본 노국 왕비는 기가 막혔다.

"부원군 대감, 폐하 앞에서 이 무슨 불경스러운 행동입니까? 나이가 많고 벼슬이 높으면 그에 걸맞게 행동해야 백성들의 존경을 받을 것이 아닙니까?"

"왕비마마는 원나라의 공주이신데, 지금 상감께서 하시는 일이 옳다고 보십니까?"

"부원군, 저는 지금 폐하의 안사람이며 고려의 국모이지, 원나라의 공주가 아닙니다. 언제까지 고려가 원나라의 간섭을 받아야 합니까? 우리도 힘을 키워 독립국이 되어야 합니다."

"아~."

기철은 노국 왕비마저 자신의 편이 되어 주지 않자, 길게 한숨을 쉬었다.

"내가 이 사실을 원나라에 계시는 기황후 마마께 꼭 알리겠소."

"그것은 부원군이 알아서 할 일이지요. 이제 고려는 더 이상 원나라의 간섭을 받는 나라가 아니라는 것도 기황후 마마께 꼭 알리세요."

노국 왕비의 비아냥거림에 기철은 부르르 떨면서 궁궐을 빠져나갔다.

기철이 물러간 뒤에 공민왕은 노국 왕비에게 말했다.

"중전, 기철을 이 기회에 죽이는 것이 좋을 듯하오."

"기철을 죽인다고요? 기황후가 가만히 있을까요?"

"기철이 살아 있는 한 우리나라의 사정을 계속 원나라에 알릴 것이 아닙니까? 그러면 원나라에서 우리나라에 못된 행동을 할지 모르니 기철을 죽이는 것이 좋을 듯합니다."

"폐하, 장차 기철을 쓸 일이 있을 것입니다. 그러므로 죽이기보다는 귀양을 보내는 것이 좋습니다."

"장차 쓸 일이 있다니요?"

"기철을 통하여 원나라에 거짓 정보를 흘려보낼 수도 있지 않겠습니까?"

"역시 중전은 나보다 한 수 위군요. 그럼 귀양을 보내는 것으로 합시다. 어디로 보내는 것이 좋겠습니까?"

"개경의 소식을 쉽게 들을 수 있는 강화로 보내는 것이 어떻겠습니까?"

"좋습니다. 그러면 중전의 뜻대로 기철을 강화도로 귀양 보내도록 하겠소. 그런데 무슨 죄로?"

노국 왕비는 잠시 '기철에게 어떤 죄를 뒤집어씌우면 꼼짝 못할까'를 고민하였다.

"폐하, 좀 전에 폐하께 예의에 어긋난 행동을 저지르지 않았습니까? 이것보다 더 무거운 죄가 어디에 있겠습니까?"

공민왕은 시간을 더 끌 것도 없이 바로 명령을 내렸다.

"기철을 임금에게 예의에 어긋난 행동을 저질렀다는 죄로 강화도로 귀양 보내라!"

"분부대로 거행하겠습니다."

명령을 받은 군사들은 곧 기철의 집으로 갔다. 이러한 소식을 들었는지 기철의 대문 앞에는 건장한 사내들이 칼을 들고 지키고 서 있었다.

"기철은 어서 나와 어명을 받아라!"

밖이 시끄러워지자 기철은 마루로 나왔다.

"이곳이 어디인 줄 알고 이렇게 시끄럽게 구느냐?"

"어명이오! 강화도로 귀양을 갈 것이니 어서 준비를 하시오."

"뭣이라고? 나는 기황후 마마의 오빠이며 황제 폐하의 처남이다. 누가 나를 귀양 보낸단 말이냐?"

"꾸물대면 강제로 끌고 가겠소. 어서 준비하고 나오시오."

"끌고 가라. 나는 이곳에서 한 발짝도 움직이지 않겠다."

"여봐라, 어서 기철을 끌고 와서 오라(죄인을 잡아매는 굵은 끈)를 쳐라."

군사들이 우르르 달려들어 기철을 오라로 묶었다. 기철은 꿈틀대며 격하게 저항했지만, 여러 명의 군사들이 한꺼번에 달려드니 당해 낼 수가 없었다. 기철은 오라에 묶인 채 군사들에 의해 강화도로 끌려갔다.

공민왕은 원나라에게 빼앗긴 영흥 이북 땅을 되찾고 싶었다. 학자들과 관리들을 모아 회의를 열었다.

"영흥 이북에 설치한 쌍성총관부(원나라가 고려 이북 지방을 통치하기 위하여 둔 기관)를 회복해야겠소."

"너무 염려하지 마십시오. 쌍성총관부에는 천호 이자춘이 있습니다. 그는 고려인으로 우리가 쌍성총관부를 공격하기 위해 가면 우리에게 협력할 것입니다."

 개혁 관리들의 말에 자신감을 얻은 공민왕은 유인우를 총사령관으로 삼은 군대를 보냈다. 군대를 보내기 전에 공민왕은 분노에 찬 목소리로 외쳤다.

"고려를 배반하는 사람들에게 어떤 형벌이 내려지는지 똑똑히 보여주리라. 내가 죽기 전에는 이 원칙이 무너지지 않을 것이다. 배반자는 적보다 먼저, 더 철저히 벌하리라. 고려의 병사들이여, 가장 나쁜 것은 바로 배반임을 잊지 마라!"

공민왕의 명령에 따라 유인우가 말을 몰아 군대의 선두로 나섰다. 전쟁에 나가는 병사들은 얼마 동안 공민왕의 서슬 퍼런 눈을 쳐다보면서 사기를 높였다.

"우리는 오늘 우리를 배반한 쌍성총관부의 적들을 무찌르러 간다. 배반자를 모두 성천강으로 흘려보내라."

유인우의 명령에 이어 요란한 나팔 소리가 울려 퍼지고 군사들은 쌍성총관부로 향하였다.

유인우의 부대가 함흥에 이르자 이자춘은 약속 장소에 나와 있었다. 쌍성총관부 지형에 밝은 이자춘은 쇠퇴해 가는 원나라를 걱정하면서 기회를 노리는 사람을 자기편으로 끌어들였다. 그중 한명이 조돈이었다. 조돈은 쌍성총관부의 책임자인 조소생의 숙부였다. 우여곡절 끝에 조돈도 쌍성총관부 회복 작전에 동참하게 되었다.

유인우는 진을 넓게 벌리고 쌍성총관부를 향하여 사냥감을 몰듯 포위망을 좁혀 들어갔다. 그들이 쌍성총관부의 남문에 다다르자,

내부에 있던 고려에 협력하기로 한 사람들에 의해 성문이 열렸다. 유인우의 기병대가 성안으로 들어가자 쌍성총관부는 힘없이 쓰러졌다. 고려 병사들이 지르는 소리가 쌍성총관부를 가득 메웠다.

"와! 와! 와!"

고려군의 사기는 하늘을 찌를 듯했다. 쌍성총관부 내부에서 협력하기로 한 사람들이 생기면서 생각보다 더 쉽게 쌍성총관부를 탈환할 수 있었던 것이다. 이렇게 해서 조휘와 탁청이 동북면병마사를 죽이고 원나라에 항복하여 이곳에 총관부를 두고, 그들을 각각 총관과 천호로 삼은 지 거의 백 년 만인 1356년에 쌍성총관부를 되찾았다.

원나라는 무엇을 통해 우리나라에 간섭했나요?

쌍성총관부

　쌍성총관부는 1258년에 원나라가 함경남도 화주(영흥)에 설치한 통치기구예요. 원래 이 지역은 고려 정부의 통치력이 닿지 못했던 곳이에요. 고려의 유민들과 여진 사람들이 섞여서 살고 있던 지역인데, 몽고와 전쟁 중이던 1258년(고종 45년)에 조휘와 탁청이라는 사람이 고려의 지방관을 죽이고 이 지역을 몽고에 바쳤어요. 조휘와 탁청은 몽고에 의해서 벼슬자리에 앉았고, 그 이후 이 벼슬을 세습하면서 지역을 다스렸어요. 그러던 중 공민왕이 원나라의 지배에서 벗어나려는 주권 회복 및 영토 회복을 위한 북벌 정책의 핵심으로 이 쌍성총관부를 무력으로 격파하고 잃어버린 영토를 되찾은 거예요.

　쌍성총관부의 초대 총관이었던 조휘의 후손인 조돈도 쌍성총관부 함락에 적극 협력하여 공을 세움으로써 조상의 배신을 깨끗이 청산하고 고려 관리의 자리에 앉게 돼요. 이후 조돈은 조선 건국에도 관여하여 개국 공신에까지 이르러요. 이성계가 나중에 이방원을 싫어하여 함흥으로 떠나버린 것은 이방원의 출신지가 이 지역이었기 때문이지요.

정동행성

　고려가 원나라의 정치적 간섭을 받던 시기에 존재했던 기관이에요. 정동행성은 원래 '정동행중서성(征東行中書省)'이라고 불렸어요. '정동'이라는 말은 일본 정벌을 뜻하는 것이고 '행중서성'은 중앙 정부기관인 중서성의 지방 파견기관을 나타내는 것이에요. 1280년(충렬왕 6년)에 원나라가 일본 원정을 떠났는데, 그 전방 사령부로서의 기능을 하기 위해 고려에 설치되었어요. 일본 원정이 끝났지만 형식상의 기구로 남아 있었지요.

그러나 중요한 것은 이 기구가 고려 안에 남아 있음으로써 원제국의 지배를 받는다는

원나라의 간섭에서 벗어나려했던 공민왕

상징을 갖고 있다는 점이에요. 그리고 상징을 넘어서 이 기관의 기능이 강화되는 시기에는 고려의 내정을 적극적으로 간섭하는 일에 사용되기도 했어요.

공민왕 때 원나라가 고려를 직·간접적으로 지배를 하면서 정동행성을 통해 고려에 간섭하려고 했으나 고려 군신들의 반대에 부딪혀 큰 효과를 보지 못했어요. 그렇게 70여 년 동안 원나라의 지배 기구로써 존재하던 정동행성은 원나라가 쇠퇴하고 고려가 국권을 회복하는 운동을 벌이면서 끝을 맺게 되었어요. 1356년(공민왕 5년)에 정동행성의 대표기관이었던 '이문소(理問所)'가 혁파당하고, 정동행성은 폐지되었어요.

아버지 정운경은 밤새 잠을 이루지 못했다. 계속해서 이불을 뒤척이자 도전의 어머니 우씨가 말했다.

"나리, 무슨 걱정이라도 있으신지요?"

"말은 제주도로 보내고 사람은 서울로 보내라 하지 않았소. 그런데 이곳에선 도전을 가르칠 마땅한 스승이 없소이다. 그래서 도전을 위해 개경으로 이사할까 생각 중이었소."

우씨는 남편의 말에 고개를 갸웃하며 말했다.

"더 생각할 것이 있겠습니까? 도전을 위해 무작정 개경으로 가야지요."

"그래야겠지요. 그런데 도전의 스승으로 누구를……."

다시 정운경이 고민을 하자 우씨가 재촉하듯이 말했다.

"왜 그렇게 고민을 하십니까? 나리께서 잘 아시는 이 곡자를 쓰시던 분의 자제에 대한 이야기를 들었습니다. 원나라의 대도에서 공부하고 학식과 덕을 함께 갖추었다고 명성이 높습니다."

"아, 이색을 말하는가 보오. 이색을 잊고 있었소."

우씨의 말에 모든 문제가 해결되었다는 듯이 정운경은 입가에 미소를 지었다.

개경으로 올라온 정운경은 도전을 이끌고 이색을 찾았다.

"어서 오십시오. 먼 길이었을텐데 무슨 일로 찾으셨는지요? 제가 인사드리러 찾아뵈었어야 하는데요."

"이공, 이번에 개경으로 이사를 왔다네."

"개경으로 이사를 오셨다고요?"

이색은 깜짝 놀라면서도 매우 반가워했다.

"자네 때문에 이사를 온 것이네."

"저 때문이라니요?"

이색은 정운경을 의아한 듯이 쳐다보았다.

"나의 큰 아들 도전을 자네에게 맡기려고 하는데……."

"아드님께서 굉장히 똑똑하다고 아버지에게 들었습니다."

"똑똑하긴. 그냥 같은 또래의 다른 아이들보다 조금 공부를 좋아하는 것뿐이라네."

"그런 똑똑한 아이라면……. 부족하지만 맡겨 주시면 가르쳐 보도록 하겠습니다."

정운경은 밖에서 기다리고 있던 도전을 불렀다. 도전은 방 안으로 들어와 큰 절을 올렸다.

"앞으로 너의 스승님이시니 하시는 말씀을 명심, 또 명심하도록 하여라."

"알겠습니다."

서울로 올라온 도전은 오직 학문에 힘썼다. 도전은 아버지를 기쁘게 해 드리고 싶었다.

"어머니, 곧 있을 성균관 입학시험을 보려고 합니다. 아버님을 기쁘게 해 드리고 싶어요."

도전의 말에 어머니는 눈물을 삼키며 말했다.

"그러면 아버지에게 허락을 받도록 하여라."

어머니의 허락이 떨어지자 도전은 아버지에게 갔다.

"아버지, 이번에 실시하는 성균관 입학시험을 보고 싶습니다."

도전의 갑작스런 말에 정운경은 당황하였다.

"뭐라고? 네가 성균관을?"

"예, 그렇습니다."

마음을 가다듬은 정운경은 말했다.

"어머니께도 말씀을 드렸느냐?"

"예, 어머니께서는 아버님께 허락을 받으라고 하셨습니다."

평소 생각이 깊은 부인이 이미 허락했다는 말을 들은 정운경은 부인의 뜻에 따르기로 하였다.

"그럼 경험 삼아 한번 보도록 하여라."

아버지의 허락을 받은 도전은 더욱 학문에 열중하였다. 어머니 우씨도 아들의 방에 불이 꺼질 때까지 바느질하면서 아들과 함께 노력하는 모습을 보였다. 우씨를 모시는 하녀는 걱정이 되었다.

'혹시 안방마님께서 저러다가 잘못되시는 것은 아닐까?'

걱정스러운 마음으로 하녀는 우씨의 방문을 두드렸다.

"마님, 밤이 깊었습니다. 이제 자리에 드셔야지요."

하녀의 목소리에 우씨는 조용히 말했다.

"애야, 내 걱정은 하지 말고 어서 자거라."

우씨의 말에 하녀는 조용히 물러날 수밖에 없었다.

드디어 도전이 입학시험을 보는 날이 왔다.

원래 국자감이라 불렸던 성균관은 입학시험이 따로 없었다. 국자학은 삼품 이상, 태학은 오품 이상, 사문학은 칠품 이상 관리의 자제들이 입학할 수 있으며, 법률과 수학, 서예와 그림을 가르치는 율학·산학·서학 등 잡학은 팔품 이하나 서민의 자제들이 입학하였다. 하지만 국자감을 성균관으로 바꾸면서 유학의 진흥에 앞장선 충렬왕 이후에는 과거 시험에 버금가는 입학시험을 보게 되었던 것이다. 도전이 아침을 먹고 시험장으로 가기 위해 문밖을 나서는데 어머니 우씨가 기다리고 있었다.

"도전아, 이 엿을 먹고 시험을 잘 보거라."

도전은 어머니가 준 엿을 먹으며 입학시험장으로 들어섰다. 시험장 안은 북새통을 이루고 있었다. 돈이 많거나 좋은 집안의 사람들은 혼자 오는 것이 아니라 반드시 하인 몇 명과 함께 시험장으로 들어섰다. 긴장하고 있는 선비들과 달리 도전은 당당하게 자신의 자리에 앉았다.

　드디어 시험관이 나타나 시험 제목을 주었다. 시험장은 제목에 맞추어 글을 짓느라 조용해졌다. 도전은 평소에 쓰던 글 솜씨대로 거침없이 써 내려갔다. 그리고 맨 먼저 시험 답안지를 냈다. 도전의 행동을 본 선비들은 수군거렸다.

"벌써 나가는 거야?"

"촌스러운 모양새이더니만 벌써 포기한 모양이군."

도전은 선비들의 말을 들으면서 태연하게 시험장을 빠져 나왔다.

해가 질 무렵 시험 결과를 알리는 소리가 들려왔다.

"오늘 입학시험의 장원은 정도전 선비요. 어서 이 앞으로 나오십시오."

도전은 천천히 시험관 앞에 가서 공손하게 절을 올리며 말했다.

"제가 정도전이옵니다."

도전의 말에 모든 사람들은 입을 벌리며 놀랬다.

"뭐라고, 그대가 정도전이라고?"

시험관은 도전을 바라보며 믿을 수 없다는 표정을 지었다.

"그렇습니다."

"축하하네. 앞으로 열심히 학업에 힘써 주길 바라네."

도전은 허리를 굽혀 인사를 하였다.

도전은 열아홉 살에 오늘날 대학교라고 할 수 있는 성균관에 입학하였다. 어머니 우씨는 도전이 자랑스러웠지만 입 밖에 내어 칭찬하지는 않았다. 왜냐하면 삼형제가 있는데, 그중에 도전만을 지나치게 칭찬하거나 사랑해서는 안 된다고 여겼기 때문이다.

성균관에는 성리학을 배우고자 하는 많은 사람들이 모여 들었는데, 성리학은 인간의 심성과 우주의 원리에 관한 문제를 탐구했다. 그전까지의 유학은 언어와 문장을 해석하고 연구하는 훈고학을 중심으로 두고 있었다. 그러나 성리학은 훈고학과 달리 철학적인 성격이 강한 새로운 유학이었다. 성균관 출신의 인물들은 도전을 비롯하여 이승인, 권근, 이존오, 김구용, 김제안, 박의중, 윤소종 등으로 고려 말기에서 조선 초기를 주도했다.

원래 고려는 불교를 국교로 삼았다. 정치 이념으로 유교를 채택하였지만 불교에 비해서는 세력이 미약했다.

도전은 성균관에 입학하고 나서도 이색의 제자로 함께 공부했던 정몽주를 자주 찾았다. 이때 정몽주는 과거에 급제하여 벼슬에 나서고 있었다.

"형님, 주상전하의 개혁은 잘 진행되고 있습니까?"

"주상전하라니, 이제 폐하라고 해야 하네."

"아, 그렇지요."

도전은 겸연쩍은 듯이 머리를 긁적이었다.

"우리나라가 원나라의 지배를 받은 지 백 년이 가까워지지 않았나. 그러니 아직도 원나라에 빌붙어 지내려는 사람이 있으니 어려

움이 많지 않겠나. 더구나 홍건적과 왜구의 침입이 자주 있으니 걱정일세. 우리 같은 사람들의 힘이 아직 많이 부족하네. 얼른 자네가 과거에 합격하여 함께 힘을 보태세."

"네, 열심히 하여 형님을 돕겠습니다."

두 사람은 손을 꼭 잡으며 결의를 다졌다.

도전은 공민왕 11년(1362년) 제술과에 응시하였다. 고려 시대에 관리가 되는 방법은 과거와 음서를 통한 것이었다. 과거에는 문과와 잡과, 승과가 있었다. 문과는 글짓기를 시험 보는 제술과와 유교 경전을 시험 보는 명경과로 나누어진다. 잡과는 주로 중인들이 시험을 볼 수 있으며 기술직 관리이다. 이 시험에는 의사를 뽑는 의과, 외국어를 잘하는 사람을 뽑는 역과, 법률을 연구하는 사람을 뽑는 율과 등이 있었다. 승과는 불교 행정을 담당하는 스님을 뽑는 시험이었다. 그리고 음서는 왕족의 후손, 국가에 공로가 있는 사람이나 고위 관리의 자제가 과거 합격 여부에 관계없이 관리가 되는 제도다. 음서가 가능한 집안 출신은 일찍부터 벼슬을 할 수 있기에 높은 관리가 될 수 있었다.

도전은 과거 시험 문제가 나오자 거침없이 글을 적었다. 다른 사람들보다 빨리 답안지를 제출하고 합격 발표를 기다렸다. 드디어 합격자 명단이 게시되었다.

'정도전'

도전의 이름이 방에 있었다. 도전은 크게 기뻐하였다. 그동안 친구들에게 놀림을 받으면서도 꿋꿋하게 공부한 자신이 자랑스러웠다. 도전은 충주사록에 임명되었다. 비록 정팔품의 낮은 벼슬이었지만 도전은 최선을 다하여 농민들의 어려움을 해결하고자 힘썼다. 농민들은 자신들을 위해 애쓰는 도전을 칭찬하며 따랐다.

성균관은 어떤 곳인가요?

흔히 성균관이라고 하면 성균관대학교를 떠올려요. 실제로 성균관은 성균관대학교의 정문으로 들어가서 바로 오른쪽에 있지요. 성균관대학교가 있는 동네의 이름이 명륜동인데, 이 지역의 이름은 성균관 안에 있는 건물인 '명륜당'에서 따온 것이에요. 명륜당의 뜻은 '윤리를 밝히는 집'으로 강의하는 공간으로 쓰였어요.

성균관은 고려 말부터 조선까지 이어진 최고 교육기관인데, 지금으로 치자면 국립 대학교와 같은 개념이라고 볼 수 있어요. 한국의 옛 대학(大學)으로 그 이름은 고려 충렬왕 때 국학(國學)을 성균관으로 바꾼 데서 비롯된 것이에요. 공민왕 때는 국자감(國子監)이라 부르다가 곧 성균관으로 다시 바뀌었는데 1894년 갑오개혁에 이르기까지 조선 시대에 걸쳐 한국의 최고 교육기관이었어요.

성균관에 있는 명륜당

성균관의 가장 큰 특징은 학교인 동시에 제사를 지내는 사당이라는 점이에요. 유교 사상을 따르고 있으며, 학문을 위한 공간과 제사를 위한 공간이 같이 있어요. 성균관에 다니는 학생들을 성균관 유생이라고 불렀는데, 총 200명 정도였어요. 이곳에서 공부하는 유생들이 시대의 천재들이었던 것은 사실이지만 모두가 다 공부하는 것이 수월하지는 않았어요. 시험을 한 달에 30회 이상 봤으니 유생들의 스트레스는 어마어마했고, 유생들은 그야말로 밥 먹고 공부만 했을 거예요. 성균관 유생들이 묵고 있는 기숙사 앞에는 넓고 평평한 돌이 하나 있어요. 유생이 시험을 보고 나서 만족하지 못하거나 낮은 성적을 받았을 때 스스로 이 돌 위로 올라가서 매로 자신의 종아리를 쳤다고 해요.

　학문의 연마뿐만 아니라 예술과 체육 활동도 게을리하지 않았지요. 유생들은 음악, 말타기, 예법, 산술, 서예, 활쏘기의 6개 종목도 실력을 높이기 위해서 노력했어요.

백성의 어려움을 깨닫다

노국 왕비가 아이를 낳다가 죽었고, 왕비를 무척 사랑했던 공민왕은 왕비를 잊지 못하고 술로 시간을 보내다 결국 세상을 떠났다.

그리고 아들인 우가 왕이 되었다. 우왕을 왕위에 오르게 하는데 큰 공을 세운 이인임은 공민왕 때 멀어졌던 원나라와 다시 가까워지기를 바랐다. 이인임은 홍건적의 침입으로 공민왕이 안동까지 피난을 갔을 때 개경을 수복한 공으로 벼슬이 높아졌다. 이어서 공민왕이 갑자기 암살되자, 우왕을 임금으로 세운 공으로 정권의 1인자가 되면서 충신을 임금에게서 멀리하게 하고, 돈을 받고 벼슬을 파는 등 백성을 괴롭히고 나랏일을 어지럽힌 간신이었다.

"우리나라가 번성하기 위해서는 원나라와 가깝게 지내야만 합니다. 그래서 원나라에 충성을 맹세하는 글을 올리려 합니다."

이인임의 말에 도전을 비롯해 박상충, 임박이 반대하였다.

"선왕(공민왕)께서 살아 계실 때 원나라를 내치고 명나라와 손을 잡으며 고려의 번성을 꾀했습니다. 선왕께서 승하하신 지 얼마나 되었다고 선왕의 뜻을 거역하려고 하십니까? 이는 불충이옵니다."

도전 등의 반대가 있자 나라는 '명나라와 친해야 한다'와 '원나라와 친해야 한다'로 나누어졌다. 명나라와 친해야 한다는 친명파에는 도전을 비롯하여 정몽주와 이성계 등이 있었고, 원나라와 친해야 한다는 친원파에는 이인임과 최영 등이 있었다.

우왕 1년(1375년) 5월, 원나라에서 사신이 온다는 전갈이 왔다.

고려는 우리나라에 충성을 맹세하기로 했던 나라다.
이제 우리의 원수인 명나라를 치고자 하니,
우리에게 협력할지어다.
곧 우리나라의 사신이 고려를 방문할 것이니,
협조해 주기 바란다.

이인임은 원나라 사신을 맞이할 준비를 하였다. 이에 도전은 강력하게 반대하였다.

이것은 말도 안 되는 소리다.

원나라는 우리나라에 큰 피해를 준 나라이다.

그리고 선왕께서는 원나라에 협력한 사람을 배반자라고 하셨다.

어찌 원과 손을 잡고 명나라를 칠 수 있겠는가!

  도전이 이렇게 반대의 글을 올렸으나 이인임은 거들떠보지도 않았고, 오히려 도전으로 하여금 원나라의 사신을 맞게 하였다. 도전은 이인임과 함께 정치를 좌지우지하는 경복흥을 찾았다.

  "대감, 사신을 맞이하라는 것은 저에게 불충하라는 것입니다."

  "불충이라니, 무슨 소린가?"

  "선왕께서는 이미 명나라와 가까이하려는 정책을 추진하였습니다. 그리고 원나라는 명나라에 쫓겨 이미 나라의 운명이 '바람 앞의 등불'과 같습니다. 지금은 원나라를 멀리하고 명나라와 친해야 합니다. 그렇지 않으면 원나라의 침입으로 나라가 어지러웠듯이 명나라의 침입을 받을 것입니다."

  "내가 못 들은 것으로 하겠네. 어서 사신을 맞이할 준비나 하게."

  "그렇다면 저는 원나라 사신의 목을 베거나, 원나라 사신을 잡아들여 명나라에 보낼 것입니다."

도전은 경복흥에게 크게 소리친 후, 이번에는 공민왕의 어머니이자 충숙 왕비인 명덕 태후를 찾았다.

"태후마마, 선왕의 뜻을 따라야 하옵니다."

"선왕의 뜻이라니?"

명덕 태후는 나이가 많아 사리 분별력이 떨어져 있었다.

"선왕께서는 원나라와 가까이 하는 것을 배반이라 하셨습니다. 이것은 명나라와 친하게 지내면서 나라를 번성하게 하려는 것입니다. 그런데 이인임 등은 선왕의 뜻과 달리 원나라와 가까이 하려고 합니다."

"젊은 그대가 무엇을 알겠는가? 이인임의 뜻에 따르라."

도전이 명덕 태후에게까지 가서 이야기했다는 사실을 안 이인임은 크게 화가 나, 우왕과 의논한 후 명령하였다.

"정도전을 당장 회진현(현재의 나주)으로 귀양을 보내도록 하라."

이인임의 명령에 도전은 기가 막혔다. 원나라와 가까이 하는 것은 나라를 망치는 일이라고 생각했기 때문이다. 회진현으로 떠나기에 앞서 정몽주와 이별의 술을 마셨다.

"너무 걱정하지 말게나. 세상 사람들이 아우의 뜻을 알게 될 날이 올 걸세."

"저 하나가 귀양 가는 것은 괜찮습니다. 나라와 백성들이 명나라의 침략을 받아 힘들 것이 걱정입니다."

이때 이인임과 가깝게 지내는 염흥방이 도전을 찾아왔다. 평소 도전의 재주에 대한 소문을 듣고 이인임 편으로 끌어들이려 노력하던 사람이었다.

"이보게, 내가 이인임 대감에게 말씀을 드렸네. 이인임 대감의 화가 풀리면 자네의 귀양은 없던 일이 될 것일세. 그러니 잠시 기다리고 있게나."

도전은 기가 막혔다.

'전하께서 귀양을 가라고 명령한 것을 신하인 이인임이 중지시킨다고?'

도전은 염흥방에게 소리쳤다.

"무례하도다. 임금의 명령을 누가 중지시킨단 말인가? 예부터 한 번 죽는 것은 누구에게나 있는 일이다. 구차하게 생명을 구걸하고 싶지 않다. 나는 전하의 명령에 따라 회진현으로 가겠다."

도전은 회진현에서 귀양살이를 시작했다. 도전은 농부인 황연의 집에 머물며 백성들의 생활을 살필 수 있었다. 서울에서 관리로 있을 때 백성들이 이처럼 어렵게 생활하는 줄 몰랐다는 사실에 죄를 지은 기분이었다. 도전은 안타까운 마음으로 마을을 둘러보았다. 때는 11월 말이라 초겨울의 날씨였지만 매섭게 추웠다. 먼지가 풀풀 날리는 시골길을 터벅터벅 걷던 도전은 물이라도 얻어 마시기 위해서 한 농가에 들어갔다.

"이리 오너라!"

도전은 크게 한 번 헛기침하고 서너 번 주인을 불렀으나, 집 안에는 개미 한 마리 얼씬거리지 않았다. 하는 수 없이 방문을 열어 본 도전은 깜짝 놀라서 다시 문을 닫고 말았다. 방 안에는 사람이 살기는커녕 천장마다 거미줄이 다닥다닥 얽혀 있어서 도깨비라도 나올 것 같았던 것이다.

도전은 다른 집으로 걸음을 옮겼다. 조금 걸으니 집 한 채가 나왔지만, 그 집 역시 담장이 무너지고 초가지붕은 여기 저기 움푹 들어간 것이 비가 오면 줄줄 샐 판국이었다.

도전은 마당에 들어섰다가 도로 나가려고 했다. 아무래도 사람이 사는 집 같지 않았기 때문이다.

"누구요?"

도전이 막 문을 나서려고 할 때, 안에서 사람이 나왔다. 얼굴이 쭈글쭈글한 할머니였다.

"물 좀 얻어먹을 수 있습니까?"

도전은 공손히 노인에게 말했다.

"그깟 물이야 한 그릇 못 주겠소. 허나 그 이상 대접할 것이 없으니 미안하구려."

노인은 부엌으로 가서 물을 떠왔다.

"그런데 할머니, 마을에 빈집이 많습니다."

도전이 묻자 노인은 땅이 꺼질 듯이 한숨을 쉬었다.

"먹고 살기 위해서지요. 가만히 있으면 누가 먹을 것을 준답니까? 그리고 나라야 망하든지 말든지 백성들이 어떻게 살든지 관심은 없고 오직 자신들의 이익을 위해 일하는 관리들에게 주는 녹봉이 아깝소. 우리가 지을 땅까지 빼앗아가는 관리들을 어떻게 믿을 수 있겠소?"

노인은 귀찮다는 듯이 느릿느릿 말했다. 도전은 회진현 사람들의 삶을 목격하고는 백성을 위하는 길은 오직 혁명을 통해 새로운 나라를 세우는 것이라고 생각했다. 토지 제도를 개혁해 백성들에게 많은 땅을 줘야 한다고 생각했다.

사 년간의 귀양생활이 끝났지만 나라에서 부르지 않아 벼슬을 하지 못해 나라를 운영하는 일에 참여하지 못하게 된 정도전은 삼각산 밑에 집을 짓고 조그만 학당을 열어 초라하게 살게 되었다. 그렇게 사 년의 귀양살이와 오 년간의 방랑생활 동안 정사에도 참여하지 못하고 자신의 뜻을 펼치지 못한 채 살던 정도전에게 이성계 장군의 이야기가 들렸다.

이성계 장군은 당시 백성들을 홍건적과 왜구들로부터 몇 번이나 지켜낸 용맹한 장군이었다. 황산대첩에서 왜구를 지휘하던 장수인 아지발도는 고려군에게는 공포의 대상이었는데, 이성계가 아지발도를 화살로 처치했다. 이 사건 이후 이성계는 고려의 영웅으로 떠올랐다. 이러한 이성계의 이야기를 듣게 된 정도전은 다시 나라를 개혁하고자 하는 의욕이 솟았다.

'나라를 세우기 위해서는 군사가 필요하다. 최영 장군과 이성계 장군 중 누구와 손잡아야 할까? 최영 장군은 원나라와 친하게 지내자고 주장하고 나이도 많다. 그렇다면 젊고 진취적인 이성계 장군이 나을 것이다.'

이성계를 만나기 위해서는 구체적인 계획이 필요하다고 생각한 도전은 나라를 세울 큰 계획을 그리게 되었다.

정도전도 어려웠던 시절이 있었다고요?

　정도전은 원나라를 멀리하고 장차 강대국이 될 명나라와 가까이 해야 한다고 주장했어요. 이에 우왕을 비롯한 원을 가까이 해야 한다고 주장하던 친원파들은 정도전을 귀양 보냈지요. 몇 년 뒤, 귀양을 풀어 주었지만 도전은 개경으로 돌아갈 수 없었고, 개경 밖에서 머물도록 했어요. 할 수 없이 도전은 지금의 삼각산 삼봉에 집을 짓고 살았어요. 학생들을 가르치고 책을 읽으면서 시간을 보내기는 했지만 생활은 비참했고, 도전의 부인마저도 이 생활을 견딜 수 없어 도전에게 불만을 털어놓았어요. 게다가 삼봉의 주인이라는 사람이 찾아와 도전의 집을 세 번이나 헐어 버리면서 도전은 어려움을 겪었어요. 이때 도전은 힘든 시기를 시로 지어 자신의 마음을 표현했어요.

경기도 고양시에 있는 삼각산(북한산)의 모습

산중(山中)

산중에서 병들었다 일어나니
어린애가 나에게 얼굴 쇠했다 하네
밭농사 배워 직접 약초 가꾸고
집 옮겨 순수 솔을 심었다네
저녁 종소리 들리니 절은 어디냐
들불은 숲 너머 저 방앗간에서 나는 것
산골에 사는 멋을 알게 되어
근래에는 온갖 일에 게을러지네

하찮은 나의 터전 삼봉 아래라
돌아와 송계의 가을을 맞네
집안이 가난하여 병 고치기 방해되나

마음이 고요하니 근심 잊기 족하구려
대나무를 가꾸자고 길 돌려내고
산이 예뻐 작은 누를 일으켰다오
이웃 중이 찾아와 글자 물으며
해가 다 지도록 머물러 있네

마음을 확인한
두 사람

 도전은 혁명을 위해 이성계와 손잡기로 마음먹었다. 이성계를 만나기 위해서는 성균관에서 함께 공부한 정몽주의 주선이 필요했다. 도전은 정몽주를 찾았다.

"형님, 안녕하셨습니까?"

"어서 오시게. 그동안 고생이 많았지?"

"아닙니다. 오히려 백성들을 돌아보며 관리의 처신에 대하여 알게 되었습니다."

 정몽주는 술상을 가져오게 하여 도전과 술잔을 나누었다. 술 몇 잔이 오간 뒤 도전이 정몽주에게 말했다.

"이성계 장군을 잘 아시지요?"

"그럼. 황산에서 왜구를 물리칠 때도, 길주에서 여진족의 호발도(여진족의 추장)를 물리칠 때도 이성계 장군과 함께했지."

"형님, 이성계 장군에게 저를 소개시켜 주십시오."

"소개라니?"

정몽주는 고개를 갸웃거렸다.

"워낙 유명한 장군이고, 함길도에서는 백성들이 장군을 꽤나 믿는 모양이더군요. 웬만한 지역에서는 왜구와 여진족 때문에 백성들이 피난 갈 보따리를 마련해 놓고 생활하는데, 그곳 사람들은 전혀 걱정하지 않는다고 해서 만나고 싶습니다."

도전의 말에 정몽주는 고개를 끄덕였다.

"알았네. 내가 사람을 보내 연락해 놓겠네. 언제 갈 것인가?"

"오늘이라도 떠나고 싶습니다."

"그렇게 빨리?"

"한시라도 빨리 만나고 싶습니다."

"알았네. 자네가 함주에 도착할 즈음에 연락이 닿아 있을 걸세."

"고맙습니다."

도전은 정몽주와 밤늦도록 고려에 대해 걱정했다.

다음 날, 도전은 함길도로 출발하였다. 우왕 9년(1383년) 가을이었다.

   왜구와 여진족의 침략을 물리쳐 고려의 새로운 영웅으로 떠오른 이성계를 만나러 가는 도전의 발길은 가벼웠다. 강원도를 거쳐 함길도에 도착해 보니 다른 지역과 마찬가지로 외적들의 침략으로 마을의 집들이 쓰러져 있는 등 어수선했지만, 도전이 듣던 것처럼 백성들은 평화롭게 보였다.

  '역시 백성들은 이성계 장군을 믿는 모양이군.'

  함길도의 마을을 지나는 동안 이성계에 대한 도전의 믿음은 더욱 커져갔다. 이윽고 이성계가 지휘하는 동북면도지휘소에 다다르니, 군사들은 군령을 엄하게 지켜 일사불란하게 움직였으며 무기들 또

한 잘 정비되어 언제 외적이 쳐들어와도 싸울 준비가 되어 있었다. 도전은 이성계가 일사불란한 지휘 통제 속에 정예 부대를 이끌고 있음을 알았다. 도전이 군사들의 훈련 모습에 감탄하며 정문으로 들어가려 했다.

"무슨 일이시오?"

정문을 지키던 군사가 가로막았다.

"나는 개경에서 온 정도전이오. 이성계 장군을 만나고 싶소."

정도전이라는 말에 군사는 꾸벅 절했다.

"연락을 받고 기다리고 계십니다. 어서 안으로 들어가시지요."

군사는 이미 정몽주의 연락을 받았는지 반갑게 맞으며 이성계에게 안내했다.

"장군, 만나 뵙게 되어 영광입니다."

도전은 깍듯하게 인사했다.

"어서 오시오, 삼봉 선생. 선생의 이야기는 포은(정몽주)으로부터 많이 들어 익히 알고 있습니다."

"장군의 군사들을 보니 역시 고려 최고의 장군이 누군지 알 수 있을 것 같습니다."

"너무 칭찬하지 마십시오. 고개를 못 들겠습니다."

"아닙니다. 이 정도의 군대라면 무슨 일인들 성공시키지 못하겠습니까?"

도전의 말에 이성계가 말했다.

"무슨 말씀이신지요?"

"외적의 침입으로 백성들이 힘들어하고 있습니다. 장군처럼 외적을 막아 주시는 것도 백성들을 위한 일입니다. 그런데 백성들을 편안하게 해 주어야 할 관리들이 자신들의 임무를 잊고 오히려 백성들을 못살게 하니……."

처음 만난 이성계에게 도전은 바로 자신의 뜻을 말할 수 없었다. 도전이 말끝을 흐렸지만 평생 전쟁터를 누빈 이성계가 모를 리가 없었다. 그날 밤 정도전은 이성계와 밤새도록 술을 마시면서 세상 돌아가는 일에 대하여 이야기를 나누었다. 다음 날 정도전은 이성계가 머무는 곳에 서 있는 오래된 소나무의 껍질을 벗기고 그 위에 이성계를 위한 시를 한 수 남겼다.

제함영송수

아득한 세월에 한 그루 소나무

푸른 산 몇 만 겹 속에 자랐구나

잘 있으시오, 훗날 서로 뵐 수 있으리까

인간 세상이란 잠깐 사이 묵은 자취인 것을

도전은 이성계를 늙은 소나무에 비유하면서 때가 되면 이성계는 하늘의 뜻에 따라 백성들을 어려움에서 구하기 위해 나서야 하며, 자신과 손잡고 큰일을 하여 새로운 역사를 펼쳐 나가야 한다는 속마음을 은근히 드러냈다.

도전이 서울로 떠나려 하자 이성계는 섭섭함을 감추지 않았다.

"삼봉 선생과 오래도록 이야기를 나누고 싶은데 아쉽습니다. 선생의 생각을 실현하게끔 내 힘껏 도와주리다. 그리고 선생 같은 사람이 관리가 되면 백성들에게 큰 이익이 될 거요. 내가 포은에게 추천을 부탁하리다."

서로의 마음을 확인한 두 사람은 아쉬움을 뒤로 하고 헤어졌다.

'한나라를 세운 유방에게 장량이 있다면, 이성계에게는 나 정도전이 있다. 유방은 장량을 찾아 도움을 청했지만 나는 임금이 될 사람을 찾아 임금으로 만들 것이다.'

서울로 발길을 돌리며 도전은 이렇게 다짐했다.

1384년 가을, 도전은 정몽주의 추천으로 전교시부령(전교시라는 행정기관의 차관)이 되었다. 동시에 정몽주가 명나라로 파견되는데

서장관(외국에 보내는 사신 가운데 기록을 맡아보던 임시 벼슬)으로 정몽주와 함께 갔다. 둘은 명나라에 가서 양 나라 간의 외교적 갈등을 해소하고 나라의 환영을 받으면서 귀국하였다. 1385년에 귀국한 후 성균관제주(祭酒)와 지제교(왕에게 교서 등의 글을 기초하여 바치는 일을 맡아보던 벼슬)를 거쳐 1386년에 남양부사로 부임하게 된다. 부임 기간 동안 백성들을 아끼고 위하는 정치를 베풀어 고을 백성들로부터 칭송을 들었다. 그 뒤 이성계의 천거(어떤 일을 맡아할 수 있는 사람을 그 자리에 쓰도록 소개하거나 추천함)로 성균관 대사성의 자리에 오르게 된다. 성균관 대사성은 성균관에 둔 정삼품의 벼슬이었다. 유학과 문묘(공자를 모신 사당)에 관한 일을 담당하는 벼슬이고, 사실상 으뜸 벼슬이었다. 정도전은 자신이 공부하던 성균관에서 최고의 자리에 오르게 된 것이다.

정도전과 이성계는 어떤 사이였나요?

태조 이성계와 삼봉 정도전, 둘은 조선 건국이 되는 역사 속의 빼놓을 수 없는 인물들이에요. 이성계와 정도전은 평소 생각과 개혁을 향한 이상향이 일치했고, 성리학을 중시했어요. 무엇보다 새로운 나라를 세워야 한다는 생각이 일치했어요. 이성계는 무신으로서, 정도전은 문신으로서 같은 이상향을 향해 달린 인물들인 것이에요. 물론 정도전과 절친한 사이였던 정몽주도 개혁을 해야 한다는 데는 동의했지만 나라는 유지하는 가운데 개혁을 실천하는 온건개혁파로서 새로운 나라를 세워야 한다는 데에는 동의하지 않았어요.

태조 6년(1397년)에 정도전이 함경도에서 임금의 명을 받고 지방에 나가 백성들을 돌보거나 외국에 나가 외교 정책을 펼치는 관리를 했을 적에 태조가 편지를 보냈어요. 겉봉투에는 '삼봉 행차에 뜯어보오'라 적혀 있었고, 편지에는 다음과 같은 내용이 있었어요.

서로 헤어져서 날짜가 오래 되니, 생각남이 더욱 깊구려. 여기에 저고리 한 벌을 보내어 바람 이슬에 갖추고자 하니 받아 주면 고맙겠소. 봄추위가 이러한데, 스스로 몸조심하여 변방의 공을 다하오.

송헌거사 쓰다.

이성계는 4월까지 겨울 날씨인 함경도로 간 정도전을 걱정하여 솜저고리를 보내면서 건강을 각별히 조심하라는 뜻으로 이 편지를 썼어요. 조선시대의 56세라면 오늘날 70세와 같은 많은 나이이므로 친구로서, 또한 조선을 건국한 동지로서 건강을 걱정한 이성계의 마음을 알 수 있게 하지요. '송헌거사'는 이성계의 호로, 신하에게 편지를 쓰면서 임금이 자신의 호를 쓴 것은 정도전과 이성계의 관계가 단순히 왕과 신하의 관계 이상이었음을 보여줘요.

도전의 도움을 받아 왕이 된 태조 이성계

군사를 돌리다

   고려와 명나라의 관계는 처음에는 원을 의식한 명나라가 고려에 우호적인 태도를 취하여 관계가 순조로웠으나, 명이 요동으로 진출하면서 두 나라의 관계는 점차 악화되었다. 시간이 갈수록 명나라는 고려를 협박하거나 위압적인 자세로 바뀌어, 부당한 요구를 하기에 이르렀다.

'금, 은 등 세공을 가져오시오.'

'말을 오천 필을 사 갈 테니 준비하시오.'

   그러나 당시의 고려에서는 말 오천 필을 구하기가 어려웠으므로 명의 요구를 들어주기가 힘들었다. 그러자 명나라는 요동(중국 요하의 동쪽 지방으로 가는 중요한 육상통로)을 폐쇄하여 고려 사람들이 다니지 못하도록 하였다.

   고려 정부는 명나라가 일방적으로 억압과 위협을 가한 것에 대해 상당한 반감이 조성되었다. 명나라 황제가 장차 처녀 및 환관 각 천 명과 말·소 각 천 필을 요구할 것이라는 소식이 들려왔다. 이 때 고려를 이끄는 사람은 최영이었다. 그동안 정권을 차지하고 있던 이인임, 염흥방, 임견미가 남의 땅과 노비를 빼앗아 자신의 것으로 만들다가 결국 쫓겨났다. 소식을 들은 최영이 관리들에게 말했다.

"그렇다면 군사를 일으켜 저들을 치는 것이 좋지 않겠습니까?"

그러나 반대하는 관리들이 많아 최영은 명나라로 진격하자는 자신의 뜻을 거두어들였다.

우왕 13년(1387년), 북쪽으로 쫓겨난 원나라를 공격하면서 영토를 넓히던 명나라는 고려에 대해 더욱 강경한 태도를 취하였다.

고려가 차지하고 있는 철령(지금의 강원도 회양군) 이북의 땅은 원래 원나라가 차지한 땅이었으므로 이것을 우리가 다스려야겠다.

이러한 사실은 우왕 14년(1388년) 2월, 명나라 사신으로 갔던 설장수를 통해 고려에 전해졌다. 최영은 명나라와 마지막으로 협상하기 위하여 밀직제학 박의중을 사신으로 명나라에 파견하였다.

철령 이북으로부터 공험진까지의 땅은 본래 고려에 속한 땅으로 철령위(명나라가 철령 이북의 땅에 설치하고자 했던 직할지) 설치를 중지해 주시기 바랍니다.

박의중은 명나라의 회답이 오기를 기다리다 지쳐 고려로 돌아왔다. 박의중이 돌아오자 최영은 우왕과 비밀리에 명나라를 정벌하는 계획을 세워 나갔다.
마침내 3월, 명나라에서 소식이 들려왔다.

철령위를 설치하겠노라.

명나라의 움직임을 보고 받자 우왕은 8도의 정예 병사들에게 개경으로 올 것을 명령하고, 스스로 평안도로 행차하겠다고 나서며 요동 공격 준비를 본격화하였다.
4월 1일 우왕이 황해도 봉산에 도착하여 최영과 이성계 등 관리들을 불러 처음으로 요동 정벌 계획을 알리자 정몽주가 말했다.
"폐하, 명나라와 전쟁해서는 안 되옵니다. 지금 백성들은 왜구와 여진족의 침입으로 고통 속에 살고 있는데, 명나라와 전쟁까지 한다면 백성들의 고통은 불 보듯 뻔한 일입니다. 명나라와 협상을 계속하여 전쟁이 아닌 평화적으로 문제를 해결하는 것이 좋을 듯합니다."

정몽주에 이어 이성계도 반대하였다.

"요동을 정벌해서는 안 되는 네 가지 이유가 있습니다. 첫째로 작은 나라가 큰 나라를 거스르는 것은 옳지 않으며, 둘째로 여름철에 군사를 동원하는 것은 부적당하고, 셋째로 요동을 공격하는 틈을 타서 남쪽에서 왜구가 침범할 우려가 있으며, 넷째로 무덥고 비가 많이 오는 시기라 활의 아교가 녹아 무기로 쓸 수가 없고 병사들도 전염병에 걸릴 염려가 있으니 지금은 때가 아니옵니다. 만일 요동을 정벌한다면 가을에 하는 것이 합당하옵니다."

이성계가 요동 정벌에 나서면 안 되는 네 가지 이유를 들자, 이번에는 최영이 요동을 정벌해야 하는 네 가지 이유를 들었다.

"폐하, 요동을 정벌하면 네 가지 이로운 점이 있사옵니다. 첫째는 명나라가 크다고 하나 아직 원나라와 전쟁하느라 요동에 신경을 쓸 여유가 없으며, 둘째는 북원과 전쟁 중인 통에 요동을 경비할 병력이 모자라 허술하며, 셋째로 요동의 논밭은 농사짓기에 적합하여 여름에 공격하여야 가을에 수확할 곡식을 얻을 수가 있고,

넷째는 명나라 군사들은 여름철에 움직이기를 좋아하지 않으므로 지금이 명나라와 싸울 가장 좋은 때입니다."

최영의 말에 우왕은 고개를 끄덕였다.

"최영 장군의 말이 옳다. 요동 정벌에 대하여 더 이상 말하지 말라. 앞으로 요동 정벌에 반대하는 사람은 엄하게 처벌하리라."

우왕 14년(1388년) 4월 3일, 드디어 최영은 8도 도통사가 되어 평양에 나아가 독려를 하면서, 조민수를 좌군 도통사로 삼고 심덕수·박위 등 여러 장수를 그 아래에 두었으며, 이성계를 우군 도통사로 삼고 정지와 지용기·배극렴·이두란·이원계 등의 장군들을 그 아래에 두고 좌우군 삼만 팔천 팔백 명에 지원 부대 일만 일천 육백 명의 오만여 대군을 출정하게 했다. 평양에 이르자 이성계는 다시 한 번 우왕에게 간청하였다.

"폐하, 지금은 시기가 아니옵니다. 평양에 군사를 주둔 시켰다가 가을에 요동 정벌에 나서야만 하옵니다. 통촉하시옵소서."

"짐이 장군을 아끼는 마음에 그냥 넘어가겠소. 더 이상 말하지 마시오."

이성계는 어쩔 수 없이 4월 18일 요동을 향해 출발하였다. 최영은 압록강에 부교를 놓게 하였다. 부교는 배를 나란히 띄워 연결한

다음 그 위에 널빤지를 깔아 건널 수 있게 하는 임시 다리다. 5월 7일 오만여 군사들은 압록강 가운데에 위치한 위화도까지 진군하였지만, 도망하는 군사가 속출하고 비 때문에 강물이 불어나 강을 건너기가 쉽지 않았다. 이에 이성계는 요동 정벌의 군사를 이끄는 조민수를 찾았다. 이인임과 친척 관계에 있었던 조민수는 최영과 가까운 사이였다. 이성계는 최영과 가까운 조민수를 통해 최영을 설득하려고 한 것이다.

"장군, 지금 요동을 정벌하러 가는 것은 무리입니다. 장군의 생각은 어떠신지요?"

"나도 지금 생각 중이라오."

"장군도 보시지 않았습니까? 위화도까지 오는 데도 물살이 빨라 수백 명이 죽었습니다. 위화도에서 요동으로 넘어가는 강은 더 깊습니다. 더 많은 희생이 있기 전에 멈추어야 합니다."

조민수는 불어나는 압록강 강물을 바라보았다.

"장군, 무기를 보십시오. 칼은 녹슬고, 활시위는 늘어졌으며 비에 젖은 갑옷은 무거워 군사들이나 말들이 모두 힘들어하고 있습니다. 어서 결단을 내려 주십시오."

거듭된 이성계의 요청에 조민수도 마음이 흔들렸다.

"알았소. 내가 폐하와 최영 장군께 편지를 쓰리다."

조민수는 곧 우왕에게 편지를 보냈다.

폐하, 지금 이곳은 물이 불어 강을 건너기가 어렵습니다.
위화도까지 오는 데도 수많은 군사들이 빠져 죽었습니다.
앞으로 요동까지 가려면 몇 개의 강을 건너야만 합니다.
그러면 물에 휩쓸려 죽는 군사들이 많이 늘어날 것입니다.
장마와 무더위가 심한 지금이 아닌 가을에 요동 정벌을 하는 것이 좋을 것입니다.

조민수의 편지를 받은 우왕은 최영과 의논하였다. 그러나 최영은 끝까지 자신의 뜻을 굳히지 않았다.

"폐하, 흔들리시면 안 되옵니다. 이미 군사는 압록강의 위화도에 있습니다. 이제 요동이 멀지 않습니다."

"그러면 계획대로 요동 정벌을 계속 추진하도록 합시다."

우왕은 조민수에게 요동 정벌을 계속 추진하도록 명령하였다. 조민수에게 그 소식을 전해 들은 이성계는 실망하였다.

'이제 때가 온 것 같구나. 비록 요동을 정벌하는 것이 태조 임금의 뜻이지만, 지금은 때가 아닌 것 같다.'

이성계는 곧 조민수를 찾았다.

"장군, 드릴 말씀이 있습니다."

"무슨 일입니까?"

"장군도 아시다시피 지금 전쟁을 일으키는 것은 죽으러 가는 것과 다름없습니다. 비록 요동을 정벌하는 것이 우리 고려의 가장 큰 목표일지라도 너무 많은 백성들에게 고통이 되어서는 안 되옵니다. 그러므로 장군께서 큰 결심을 하셔야 합니다."

"큰 결심이라니요?"

"군사를 돌리십시오."

"군사를 돌린다고요? 그럼 폐하의 명령을 거역하자는 것이요?"

"지금은 폐하의 명령을 거역하는 것 같지만, 나중에 백성들은 우리를 칭송할 것이옵니다."

조민수는 고민에 빠졌다.

"시간이 급하옵니다. 어서 결심하시기 바랍니다."

조민수는 이성계가 자신에게 건의했지만, 이성계의 말을 듣지 않으면 자신을 죽일 것 같은 느낌을 받았다. 이때 이성계의 부하 장군인 배극렴이 들어섰다.

"장군, 지금 군사들의 움직임이 이상합니다. 개경으로 돌아가지 않으면 큰일 날 것 같습니다. 어서 서둘러야 할 것 같습니다."

배극렴까지 재촉하니 조민수는 더 이상 미룰 수가 없었다.

"군사를 돌리시오."

조민수의 명령에 군사들은 환호성을 질렀다.

"와! 와! 와!"

이성계는 군사를 돌려 개경으로 향했다. 이성계는 지금은 반역하고 있지만 이것은 모두 하늘의 뜻이며 백성들을 위한 것이라고 믿었다.

이성계가 군사를 돌려 개경으로 온다는 소식은 최영에게도 전해졌다.

"아, 내가 이성계를 잘못 보냈구나."

최영은 크게 탄식했다.

"폐하, 어서 개경으로 돌아가시지요."

최영의 뜻에 따라 우왕은 개경으로 돌아가 성문을 굳게 잠그고 싸움에 대비하였다. 이성계는 개경성 밖 십 리에 이르러 우왕에게 편지를 보냈다.

폐하, 죄인 최영은 평화로운 나라를 전쟁으로 이끌어 혼란에 빠뜨린 사람입니다. 최영을 처벌하여 백성들이 편안하게 살고 큰 나라를 섬겨 평화로운 나라를 만들어야 합니다.

우왕이 편지를 보여 주니 최영은 크게 화냈다.

너희들은 폐하의 명령을 거역한 역적 죄인이다. 이번 일은 용서할 터이니 폐하 앞에 무릎을 꿇고 용서를 빌도록 하라.

편지를 보낸 우왕과 최영은 이성계와 조민수를 잡아들이는 사람에겐 큰 상을 내린다고 발표하였다.

우왕의 편지를 받은 이성계가 명령했다.

"유민수 장군은 군사를 이끌고 숭인문을, 조민수 장군은 선의문을 공격하라!"

 요동 정벌을 나설 때는 조민수가 이성계보다 높은 장군이었지만, 이제는 조민수가 이성계의 명령을 받는 처지가 되었다. 이성계의 명령을 받은 두 장군이 나섰으나 최영에게 패배하자, 이성계가 직접 군사를 이끌고 숭인문을 공격하여 무너뜨리고 선지교에서 최영의 군사를 물리쳤다. 최영은 우왕과 왕비를 팔각전으로 피신시키면서 이성계와 맞서 싸웠으나, 힘이 다하였다.

 최영은 우왕을 찾았다.

 "폐하, 소신의 잘못으로 폐하께서 이렇게 어려움을 당하는 것이 송구스럽습니다. 제가 직접 이성계와 만나 협상하겠습니다."

 최영은 우왕에게 인사한 뒤 이성계의 진영을 찾았다.

 "너희들이 찾는 최영이다. 폐하의 몸에 절대 손대서는 안 된다."

 비록 전쟁에서 패배했지만 흰 수염을 날리며 걸어오는, 일흔이 넘은 장군의 기는 꺾이지 않았다.

 "나는 장군을 존경하오. 그러나 장군이 한 일은 나라와 백성을 망하게 하는 일이었소."

 이성계의 말에 최영은 두 눈으로 노려보며 말했다.

 "폐하의 명령을 거역한 역적에게 당한 것이 화가 나는구나. 이제 태조 대왕을 어찌 만날까?"

이성계는 최영을 그날로 고봉현(오늘날 고양)으로 귀양 보냈다. 떠나는 최영을 보며 이성계는 눈물을 글썽이면서 말했다.

"잘 가시오! 잘 가시오!"

끝까지 저항하던 우왕은 강화도로 귀양 가고 아홉 살의 창 왕자가 임금이 되니 이가 곧 고려 33대 임금인 창왕이다. 이성계는 고봉현으로 귀양 갔던 최영을 충주로 보냈다가 처형하였다. 죽음을 앞둔 최영은 말했다.

"내가 지금까지 살아오면서 욕심을 부렸다면 나의 무덤 위에 풀이 날 것이요, 그렇지 않았다면 풀이 나지 않으리라."

죽음을 당한 최영은 고양에 묻혔으며, 최영의 무덤에는 풀이 나지 않았다고 한다.

이성계를 고려의 최고 권력자로 만든 이 사건을 '무진회군' 또는 '위화도 회군'이라 하며, 이 사건을 계기로 고려 시대는 막을 내리게 된다.

도전은 이성계가 위화도 회군으로 정권을 잡게 되자 조준 등과 함께 이성계의 오른팔이 되어 이성계를 뒤에서 도왔다. 도전은 밀직부사로 승진하여 이성계를 찾았다.

"회군의 힘이 아직 남아 있을 때 개혁이 계속되어야 합니다. 토지 제도를 바꿔야 합니다."

비록 밀직부사가 높은 벼슬은 아니었지만 도전은 이제 새로운 나라를 세우려는 경영자인 것이다.

"토지 제도를 바꾸자고요?"

이성계가 물었다.

"우리를 반대하는 사람들의 힘을 빼야 합니다. 그러기 위해서 그들이 가진 토지를 빼앗아 농민에게 가족 수대로 나누어 주는 것입니다. 농민들이 스스로 농사지을 땅이 있으면 일하고자 하는 의욕도 일어나며, 나라에서 거두어들이는 세금도 늘어날 것입니다."

"좋소. 삼봉 선생의 뜻대로 실시하시오."

도전의 토지 개혁을 과전법이라고 하는데, 과전법을 통해 권문세족들이 가진 나라의 땅을 모두 빼앗아 농민들에게 나누어 준 뒤 국가에 세금을 내도록 하려는 것이었다. 도전은 이 정책을 통해 이성계를 비롯한 신진세력들의 경제적 기반을 마련하고 국가 재정을 확보하려고 했다.

그러나 과전법은 이색과 정몽주, 조민수 등 반대하는 사람들이 많았다. 이색은 도전의 스승이었고 정몽주는 같이 공부한 사이였지만 서로 다른 길을 걷고 있었던 것이다. 도전은 많은 군인을 거느린 조민수를 이색과 떼어 놓아야겠다고 마음먹고 부정한 관리들을 감시하던 조준에게 조민수를 조사하게 했더니, 조민수가 농민들의 토지를 빼앗아 못살게 굴었다는 조사 결과가 나왔다. 조준은 임금에게 조민수를 처벌해야 한다는 상소문을 올렸고, 도전도 조준을 응원하였다. 결국 조민수는 창녕으로 귀양을 가게 되었다.

도전은 조민수를 제거한 뒤 과전법을 실시했다. 계속해서 도전의 토지 개혁을 반대하던 이색 등의 세력을 물리칠 절호의 기회가 찾아왔다. 바로 강화도로 귀양 갔던 우왕이 최영의 조카인 김저를 시켜 이성계를 죽이려고 하다가 발각된 것이다. 그리고 명나라에서 창왕은 '왕' 씨가 아니므로 임금으로 인정할 수 없다는 외교 문서가 왔다. 도전은 이색 등을 몰아세울 좋은 기회라 여겨, 이성계와 정몽주 등을 흥국사에 모이게 했다.

"오늘 이렇게 모이시라고 한 것은 현재의 임금을 어떻게 하느냐를 결정하기 위해서입니다."

"임금을 어떻게 하다니?"

정몽주가 물었다.

"현재의 임금은 '왕' 씨가 아닌 '신'씨라는 소문이 있으며, 우왕의 아들이라고 하더라도 이성계 장군을 죽이려고 했습니다. 임금에서 내려야만 합니다."

"확실한 이야기인가?"

"그렇지 않으면 어찌 명나라에서 현재의 임금을 인정하지 않으려 하겠습니까?"

도전의 말에 흥국사에 모인 사람들은 아무 말도 하지 못했다. 정몽주도 마찬가지였다.

"그래서 정창군 마마를 임금으로 모시려 합니다."

도전의 말에 모두 고개를 끄덕이며 찬성하였다. 이가 곧 고려 34대 왕인 공양왕이다.

공양왕의 즉위와 함께 도전은 다섯 개 부대(5군)로 만들어진 군사 조직인 삼군도총제부를 설치하였다. 이성계는 삼군도총제부의 삼군도총제사가 되고, 도전은 우군총제사가 되었다. 도전이 군사 조직을 바꾼 것은 무인들이 거느린 사병을 없애 이성계와 도전의 군사력을 강화하기 위함이었다. 도전의 계획대로 모든 일이 착착 진행되는 듯하였다.

과전법은 무엇인가요?

고려의 토지제도는 경종, 목종, 문종 때 개혁을 단행했었으나, 문종 때 공음전시과, 경정전시과를 실시한 후 갖가지 문제가 생겨났어요. 게다가 무신의 난 이후 권문세족들의 농장 확대로 국가경제는 파탄하고, 농민들의 생활고는 극심해졌으며, 관료들에게 분급할 전지마저 부족하게 되었어요.

그렇게 새롭게 토지제도를 개혁하게 되는데, 그게 바로 고려 말 1391년(공양왕 3년)에 권력을 잡은 이성계와 정도전이 개혁의 핵심으로 삼은 과전법 제도예요. 권문세족의 경제적 기반을 약화시키는 것이 가장 큰 목적이고 근본적으로 나라의 기본을 새롭게 세우는 데 그 뜻을 두었어요. 권문세족이 불법적으로 점유한 토지를 모두 몰수하고, 관리들에게 등급에 따라 경기도 지방의 토지를 나누어 준 것이 핵심이에요. 엄밀히 말하자면 토지의 소유권 그 자체가 아니라, 그 토지에서 세금을 거두어들일 수 있는 권리인 수조권을 주는 거예요. 이를 통해 신진 사대부의 경제적 기반이 확보되었어요. 이성계는

과전법을 반대했던 이색

이들과 협력해 1392년 고려를 멸망시키고 조선을 건국했어요. 과전법은 새롭게 세워진 국가인 조선의 기본적인 토지제도가 되었어요.

  토지 재분배의 중심이 된 것은 과전으로, 현직 관리는 물론 퇴직 관리에게까지 18과로 나누어 15~150결(농토의 면적 단위)의 전지를 나누어 주었어요. 과전은 경기도 지방에 한하여 지급되었고, 원칙적으로는 자손에게 세습할 수 없었어요. 그러나 부모가 사망한 어린 자식이나 남편과 사별한 부인에게는 수신전, 휼양전이란 이름으로 과전의 일부를 세습하도록 했어요. 농민은 토지 분급의 대상에서 제외되었으나 농민의 소유지인 민전은 10분의 1조로 한정하여 부담을 줄여 주었어요.

  물론 토지제도를 개혁하는 데 어려움이 없던 것은 아니에요. 온건한 개혁파인 조민수, 이색, 정몽주 등의 반대가 있자 이들을 축출했어요. 그리고 1391년에 새로운 토지제도의 기준이 되는 과전법을 발표했어요. 이와 같은 개혁은 새 왕조 조선조를 세우는 경제적 기반이 되었어요.

새로운 나라를 세우다

나약한 공양왕은 이색과 정몽주에 의하여 움직였고, 자신을 임금으로 세운 도전과 이성계의 공은 알지 못했다. 이색이 공양왕에게 말했다.

"도전은 개인적인 돈과 명예를 얻기 위하여 권력을 이용한 사람입니다. 또한 집안의 풍속이 바르지 못하고 외할머니는 노비의 자식이라는 말까지 떠돌고 있습니다. 노비의 피가 흐르는 사람이 어찌 벼슬할 수 있단 말입니까? 빨리 처벌해야 합니다."

마침 공양왕도 평소에 도전이 나랏일에 일일이 간섭하는 게 귀찮던 때였다. 방법을 고민하던 공양왕은 이 기회를 이용하여 도전을 봉화로 귀양 보냈다.

게다가 엎친 데 덮친 격으로 이성계에게 불행이 닥쳤다.

공양왕 4년(1392년) 3월, 명나라에 사신으로 갔던 세자 석을 마중하러 황주까지 갔던 이성계가 돌아오는 길에 해주에서 사냥하다가 달아나던 노루를 향해 달리던 말이 진흙에 미끄러지면서 말에서 떨어진 것이다. 이성계는 가마를 타고 와 집에 머물게 되었다.

"폐하, 이성계가 힘을 쓸 수 없는 지금이 가장 좋은 기회입니다. 이성계를 돕고 있는 정도전, 조준을 이 기회에 아예 죽이는 것이 좋겠습니다."

도전과 가장 친한 정몽주의 말이었다. 마음이 같은 친구라고 하여 '동심우(同心友)'라고 했을 정도의 사이였던 도전과 정몽주는 그렇게 서로를 제거할 생각만 하고 있었던 것이다. 공양왕은 정몽주의 말에 따라 도전을 예천 감옥에 가두었다. 하지만 정몽주는 만족할 수가 없었다. 이성계를 따르는 도전과 조준을 죽여야만 자신들이 권력을 유지할 수 있다고 믿었다. 정몽주와 생각을 같이하는 강희백과 김진양 등이 잇따라 상소를 올려 도전과 조준을 처형할 것을 수상했다.

한편 어머니 한씨(이성계의 첫 번째 부인으로 후에 신의 왕후가 됨)가 세상을 떠나 여묘(부모가 세상을 떠나면 무덤 옆에 집을 짓고 삼 년 동안 무덤을 지키는 것)하고 있던 이성계의 셋째 아들인 이방원에게 아버지의 상황이 불리하게 되고 있다는 사실이 전해졌다.

'지금은 어머니를 지키는 것보다 아버지를 지키는 것이 더 중요하다.'

이방원은 곧장 개경으로 달려가 몸져누워 있던 이성계를 찾았다.

"지금 궁궐로 들어가셔야 하옵니다. 아버님과 마음이 통하던 삼봉과 조준 등이 위험하다고 합니다. 이는 곧 아버님께도 위험이 오고 있다는 신호입니다."

그러나 이성계는 이방원의 말에 전혀 움직이지 않았다.

"아버님, 이렇게 기다리시는 것은 잘못입니다. 그 사람들을 구해야 아버님의 뜻을 이루는 것입니다."

이방원의 재촉에 이성계는 마지못해 궁궐로 들어갔다. 궁궐로 들어서니 이방원의 말대로 도전과 조준을 죽여야 한다는 상소가 밀려들고 있었다. 이성계는 배다른 동생인 이화와 사위인 이제를 공양왕에게 보냈다.

"정몽주 등은 거짓을 말하고 있습니다. 폐하께서 지금 이 자리에 계신 것이 정도전과 조준이 아니었으면 어찌 가능하겠습니까? 저들의 거짓에 속지 마십시오. 통촉하시옵소서."

그러나 공양왕은 움직이지 않았다. 이제에게서 공양왕을 만나고 온 소식을 들은 이방원은 곧바로 이성계를 찾았다.

"아버님, 정몽주를 죽여야 합니다."

"뭐라고? 안 된다. 그는 고려를 대표하는 인재이다."

"인재라니요? 그는 아버님을 해치려는 대표적인 사람입니다. 정몽주가 살아 있으면 앞으로 어떤 일이 닥칠지 알 수 없습니다."

이방원의 끈질긴 설득에도 이성계는 고개를 끄떡이지 않았다. 이방원이 자신의 방으로 돌아오자 정탁이 기다리고 있었다. 이방원의 표정을 살피던 정탁이 말했다.

"나리, 무슨 일이라도 있습니까?"

"아버님이 내 말을 듣지 않으니 어찌하면 좋겠소? 차라리 어머님 묘에 가야 할 것 같소."

그러자 정탁이 말했다.

"무슨 생각을 그렇게 많이 하십니까? 왕후장상의 씨가 따로 있습니까? 해치워 버리면 될 것 아닙니까?"

"아버님 때문에……."

"아버님이 그리 무서우십니까? 자식의 뜻을 펼 수 있다면 아버님의 마음도 누그러질 것입니다."

정탁의 말에 용기를 얻은 이방원은 곧 그의 부하인 조영규를 불러서 말했다.

"때를 보아 정몽주를 죽일 것이다."

이방원의 뜻을 알아차린 조영규는 힘차게 고개를 끄덕였다.

"나리의 뜻이라면 목숨을 바쳐 이루겠습니다."

이방원은 정몽주의 뜻을 알아보려는 계획을 세우고, 이성계의 생일을 핑계로 정몽주를 초대했다. 비록 뜻을 달리하는 사이이기는 하지만 정몽주와 이성계는 고려의 관리 중에서 존경을 받으면서 우애도 두터웠던 사이라 초대에 응하리라 생각했다.

그러나 이방원의 초대에 응하여 정몽주가 집을 나서려고 할 때 두 아들이 잡았다.

"이 장군 댁에는 무슨 일로 가시려 하옵니까?"

"그 집에서 초대했단다."

"생일잔치로 초대하였지만 혹시 아버지를……."

정몽주의 아들은 더 이상 말을 잇지 못했다. 그러나 아들의 뜻과는 달리 정몽주의 태도도 확실하였다.

"이때에 그들의 뜻도 알아야겠느니라."

"그럼 저하고 함께 가시는 것이 좋겠습니다."

"아니다, 너무 걱정하지 말거라."

두 아들의 만류에도 불구하고 정몽주는 집을 나섰다. 이성계의 집에는 이미 많은 관리들이 와 있었다.

정몽주는 경계하는 마음을 늦추지 않으면서도 흥겹게 방원이 따라 주는 술잔을 거듭 마셨다. 원래 술을 좋아하는 정몽주였기에 술맛도 잘 알았다. 분위기가 한층 흥겨워지자 이방원은 지금이 정몽주의 마음을 알아볼 수 있는 좋은 기회라 여겨, 정몽주의 술잔에 술을 따르며 시조를 읊었다.

이런들 어떠하며 저런들 어떠하리,

만수산 드렁칡이 얽혀진들 어떠하리,

우리도 이같이 얽혀져서 백 년까지 하리라.

이방원이 시조를 읊는 동안 정몽주는 술맛이 싹 달아났다. 이방원이 자신의 마음을 떠보는 것을 안 정몽주는 술잔을 한 잔 들이키고 조용하면서도 단호하게 말했다.

"공짜 술도 없겠고, 공짜 노래도 없겠지요. 자네가 시를 지었으니, 내 한 수 답하리다."

그리고는 시조를 읊어 나갔다.

이 몸이 죽고 죽어 일백 번 고쳐 죽어,

백골이 진토 되어 넋이라도 있고 없고,

님 향한 일편단심이야 가실 줄이 있으랴.

정몽주의 시조를 들은 방원은 실망하였다. 어떻게 해서라도 정몽주의 마음을 돌이켜 보려고 힘썼지만, 정몽주의 고려에 대한 충성심은 돌이킬 수 없음을 알았다. 방원은 슬그머니 방에서 물러나 조영규, 조영무, 고여, 이부 등을 불렀다.

"안되겠다. 너희들은 지금부터 선지교에서 기다리고 있다가 그 길을 지나가는 정몽주를 죽이도록 하라."

"예, 알겠습니다."

이방원의 밀명을 받은 조영규 등은 선지교에서 정몽주를 기다렸다. 그러나 낮말은 새가 듣고 밤말은 쥐가 듣는 법. 이방원이 조영규 등에게 내리는 명령을 방원의 사촌 매제인 변중량이 듣게 되었다. 그는 평소에 정몽주를 존경하고 따르던 사람이었다.

'내가 비록 이성계를 도와야 할 몸이지만, 우리 선생님을 죽일 수는 없는 일이 아닌가?'

생각이 여기에 미치자 변중량은 곧바로 이성계의 집을 나서는 정몽주에게 갔다.

"선생님, 안녕하십니까?"

"어휴, 오랜만이네."

평소처럼 정몽주는 변중량의 손을 반갑게 잡았다. 변중량은 정몽주 옆으로 바싹 다가가서는 말했다.

"선생님, 돌아가실 때 선지교를 피해 주십시오."

변중량의 간절한 말에 정몽주는 이방원이 눈치를 챌까 걱정하면서 말했다.

"알았네. 그러나 나는 선지교를 지나야만 된다네."

"선생님……."

이때 이방원이 재빨리 정몽주를 따라왔다.

"그럼 안녕히 가십시오."

변중량도 더 이상 정몽주에게 선지교를 피해 가라는 말을 할 수가 없었다. 정몽주는 이미 알고 있다는 듯이 변중량의 충고를 무시한 채 선지교로 말을 몰았다. 선지교가 가까워질 무렵에 정몽주는 말을 거꾸로 탔다.

조영규는 정몽주가 선지교를 지나자 기다렸다는 듯이 소도리를 휘둘렀지만, 놀란 말이 뛰는 바람에 정몽주는 조영규의 칼을 피할 수 있었다. 그러나 뒤이어 날아온 고여와 조영무의 칼에 맞아 피가 사방으로 튀었다. 정몽주가 흘린 피로 선지교 돌 틈에는 대나무가 솟아 그의 충절을 나타냈으며, 대나무가 솟아났다고 하여 그때부터 선지교를 '선죽교(善竹橋)'라 부르게 되었다. 이때 그의 나이 쉰여섯이고 때는 공양왕 4년(1392년)이며, 고려의 마지막 충신인 정몽주의 죽음으로 고려는 망하고 이성계에 의하여 조선 왕조가 시작된 것이다.

정몽주를 죽였다는 소식을 들은 이성계는 이방원을 불렀다.

"우리 집안의 근본은 충효이다. 그런데 나랏일을 이끄는 대신을 죽인단 말이냐?"

이성계의 꾸중에 이방원이 말했다.

"그가 살아 있으면 우리 집안에 해를 가져올 것입니다. 어찌 살려둘 수 있습니까?"

"나는 네가 한 행동을 용서할 수 없다. 이제 나는 약을 먹고 죽어야겠구나."

이성계의 말에 부인 강씨(이성계의 둘째 부인으로 후에 신덕 왕후가 됨)가 나섰다.

"큰 뜻을 품은 대장부가 어찌 그런 일에 죽는다는 말씀을 함부로 하십니까?"

강씨의 말에 이성계는 노여움을 풀고 이방원과 함께 공양왕에게 보고할 내용을 만들었다.

'정몽주가 다른 사람들과 함께 임금을 다른 사람으로 바꿀 반역을 저질러 죽였습니다.'

공양왕은 이성계의 보고를 믿을 수 없었지만, 군사력을 가졌으니 어찌할 수가 없었다.

정몽주의 죽음으로 고려를 지킬 만한 사람이 없어지자, 배극렴은 공민왕의 왕비 중 한 사람인 정씨에게서 '공양왕을 임금 자리에서 물러나게 하고 이성계를 임금 자리에 앉힌다'는 글을 받아 와 공양왕을 원주로 귀양을 보내고 옥새를 이성계에게 바쳤다. 이성계는 1392년 7월 17일에 새로운 나라 조선을 세우게 되었던 것이다.

도전은 임금이 된 이성계를 찾았다.
"폐하, 감축 드립니다."
"고맙소. 모든 것이 삼봉의 덕이오. 짐은 그대의 은혜를 잊지 않으리다."
"황공하옵니다."
도전은 잠시 머뭇거렸다.
"삼봉, 무슨 할 말이라도 있소? 그대와 짐 사이에 못할 말이라도 있소?"
"폐하, 개경은 조선의 서울로는 맞지 않습니다."
"개경이 맞지 않다니요?"
이성계는 도전의 말이 이해가 가지 않는다는 표정을 지으면서 되물었다.
"개경에는 고려를 좋아하는 사람들이 많습니다. 그들이 언제 반역을 꾀할지 모르는 일입니다. 그러니 서울을 다른 곳으로 옮겨야 하옵니다."

"그럼 삼봉의 생각으로는 어디가 좋을 것 같소?"

"남경이 좋을 듯합니다."

"남경이라······."

남경은 고려 시대에 지금의 서울을 부르던 이름이었다.

"남경은 조선의 가운데 있어 중심부의 역할을 하기에 좋고, 한강이 흘러 전국의 세곡을 모으기에도 좋은 위치입니다."

"외적을 방어하기에는 어떻소?"

"그것도 걱정하지 않으셔도 됩니다. 남쪽으로 한강이 흘러 탁 트였으므로 적의 공격을 사전에 막을 수 있으며, 목멱산, 북한산, 삼각산, 안산으로 둘러싸여 있어 성을 쌓아 안에서 방어하기에도 유리합니다."

"삼봉의 말을 들으니 더없이 좋은 위치로군요. 그럼 빠른 시간 안에 추진하도록 합시다."

"소인의 몸을 바쳐 튼튼한 성을 쌓고 개경에 있는 궁궐보다도 편리하면서도 위엄 있도록 하겠습니다."

"그런데, 삼봉!"

"예."

"나라가 바뀌었는데 아직도 고려 시대의 제도를 쓰고 있소. 이를 바꿔야 하지 않겠소?"

"남온 등과 의견을 나누고 있습니다."

"어서 빨리 제도를 정비해야겠소."

"폐하의 뜻을 받들어 일을 빨리 하겠사옵니다."

도전은 궁궐을 나와 남은의 집을 찾았다.

"남공, 내가 말한 제도는 만들고 있습니까?"

"예, 대감. 지금 한창 정리 중이었습니다."

"그럼 어서 가져오시오."

남은은 종이에 그린 정치 제도의 그림을 가져왔다. 거기에는 고려와 다른 여러 관직들이 등장하였다.

"임금의 권한을 너무 크게 하지 않으면서도, 관리들이 임금의 권한을 제한할 수 있게 하였습니다."

"임금의 권한을 제한하다니요?"

"삼사라는 제도를 두었습니다."

"고려 시대에도 삼사는 있지 않았습니까? 나랏돈을 관리하던 곳이 아닙니까?"

"그 삼사와는 차이가 있습니다. 삼사에는 세 가지 기관이 있습니다. 먼저 사간원은 임금이 일을 잘못하였을 때 이를 바로잡아 바른 말을 해 주는 곳입니다. 홍문관은 임금께서 일하실 때 의문이 생기는 사항을 곧바로 알려 주는 곳입니다. 사헌부는 임금이 임명한 관리가 부정을 저지르거나 자격이 미달이라 판단될 때 이를 바로 잡는 곳입니다."

"임금이 혼자서 나랏일을 좌지우지할 수는 없다는 말이군요. 더불어 백성들의 뜻도 임금이 알 수 있게 해 줄 수 있겠군."

"그렇습니다."

남은은 계속해서 말했다.

"사실 정치를 분담하는 삼성 육부도 중원의 제도를 그대로 모방한 것입니다. 그래서 우리 조선만의 특징을 살리기 위해 삼성 대신에 의정부를 설치했습니다. 의정부에는 영의정, 좌의정, 우의정의 삼정승이 나랏일을 의논하여 처리하도록 했습니다. 또한 나랏일을 육조에서 나누어 맡도록 하였습니다. 육조는 육부를 고친 것으로 이조, 호조, 예조, 병조, 형조, 공조라 이름을 붙였습니다."

"그렇다면 이조에선 관리의 인사를, 호조에선 나라의 재정을, 예조에선 외교와 교육을, 병조에선 군사를, 형조에선 법과 치안을,

공조에선 건설과 교통을 각각 담당하겠다는 말이군."

"그렇습니다."

다음 날 도전은 다시 이성계를 찾아 남은이 정리한 정치 제도를 설명하였다. 그러자 이성계는 불만스럽게 말했다.

"어찌 한 나라의 왕을 신하들이 좌우한단 말이오?"

이성계는 도전에게 역정을 냈다. 얼굴이 붉게 변할 정도로 화나 있었다.

"폐하, 폐하께서 하시는 일을 신하들이 어찌 좌우하겠사옵니까? 소인이 말씀드린 제도는 폐하를 오직 보필하고자 할 뿐입니다."

"말장난하지 마시오."

도전은 이성계가 마음의 문을 닫는 것을 이해할 수 있었다. 자신이 임명한 관리에 대하여 감시하는 사헌부나, 자신의 잘못을 지적하는 사간원에 대한 불만이었기 때문이었다. 지금 이성계와 말해 봐야 이성계가 뜻을 굽힐 것 같지 않았다.

"폐하, 소인이 다시 생각한 후에 입궐하겠나이다."

도전의 말에 이성계는 눈길 한 번 주지 않았다. 아마도 단단히 삐친 모양이었다. 궁궐을 나오면서 도전은 이성계를 설득할 방법을 찾아보았으나 도무지 생각나지 않았다.

도전은 집에서 머리를 싸매고 이성계를 설득할 방법을 찾느라 며칠을 연거푸 궁궐에 들어가지 못했다. 그러자 오히려 이성계가 조바심이 났다.

"게 아무도 없느냐?"

"상감마마, 무슨 일이신지요?"

"삼봉을 들게 하라."

도전은 집에 있다가 이성계의 갑작스러운 연락을 받고 부랴부랴 궁궐로 들어갔다.

"폐하, 소인 정도전이옵니다."

"어서 드시오."

이성계는 전보다 한결 누그러진 얼굴이었다.

"삼봉, 왜 이리 뜸하셨소?"

"폐하께 정치 제도에 대한 만족을 드리기 위해 궁리하느라 그랬사옵니다."

"그래, 무슨 좋은 방법이라도 있소?"

"아직……."

도전의 말에 이성계는 실망한 빛이 역력했다. 이성계의 눈치를 보면서 도전이 말했다.

"폐하, 폐하께서 건국한 조선은 백성을 근본으로 한 나라입니다. 만일 폐하의 허물을 백성들이 안다면 얼마나 실망이 크겠습니까? 그러므로 폐하의 허물을 백성들이 알기 전에 삼사의 관리가 이를 바로잡기 위함입니다. 통촉하시옵소서."

도전은 눈물을 흘리며 이성계에게 간곡하게 말했다. 이성계는 긴 한숨을 쉬었다.

"삼봉의 말을 내가 알아들었네. 그러면 삼봉의 뜻대로 하게."

드디어 이성계를 설득하는 데 성공한 도전은 임금을 견제하면서 백성을 근본으로 할 정치 제도인 삼사를 완성하였다.

도전은 자신과 남은 등에 의하여 완성된 조선의 정치, 경제, 사회 제도를 책으로 만들기 시작했다. 밤을 새워 임금과 신하가 나라를 다스릴 때 필요한 큰 줄거리를 비롯하여 정치, 경제, 사회의 모든 제도와 그 운영 방침을 정리하여 조선의 법률제도의 기본을 이루는 『조선경국전』을 편찬하였다. 이 『조선경국전』은 조선 시대의 기본 법전이라고 할 『경국대전』이 편찬되는 바탕이 되기도 했다.

"아, 이제 우리 조선의 모든 제도가 완성되었구나."

도전은 『조선경국전』을 이성계에게 바쳤다.

"폐하, 이제 조선의 모든 문물과 제도가 이 책 한 권으로 완성되었습니다. 감축 드립니다."

이성계는 도전의 손을 잡고 크게 칭찬하며 말했다.

"삼봉, 그대가 있었기에 정녕 조선이 있을 수 있었으며, 나 또한 조선의 임금이 될 수 있었소. 정말 고맙고 또 고맙소."

제도를 정리하면서도 도전에게는 새로운 임무가 있었다. 그것은 서울을 개경에서 남경으로 옮기고 궁궐과 종묘의 위치 및 도성의 터전을 정하고, 각 궁전 및 궁문의 칭호, 도성의 8대문 및 성안 48방의 이름 등을 만드는 것이었다. 도전은 태조 4년(1395년) 9월29일, 북악산 아래 넓은 터에 삼백구십여 칸 규모의 새 궁궐인 경복궁을 지었다. 경기도와 충청도의 백성 일만 오천 명을 동원하여 열 달의 공사 끝에 완성한 것이다. 도전이 이름 지은 '경복궁'은 『시경』의 「주어」 편에 '이미 술로 취하고 덕으로 배불렀어라. 임금이여 만년토록 큰 복을 누리소서'의 '경복'에서 따온 것이다. 임금이 자는 곳을 강녕전(『서경』의 홍범구주에는 사람이 살면서 누릴 수 있는 다섯 가지 복으로 장수, 부귀, 덕을 갖춤, 하늘의 뜻을 따름과 함께 편안하게 사는 것을 꼽았는데, 이 중 으뜸을 편안하게 사는 것으로 보아 '강녕'이라 함), 임금이 평소 나랏일 보던 곳을 사정전(나랏일을 볼 때 만 가지 방법을 생각해야 하므로 '사정'이라 함), 인왕산과 북악산을 등지고 세워진 경복궁에서도 제일 웅장한 건물인 근정전(임금은 천하의 일에 부지런해야 하며 인재를 구하는 데 부지런해야 나라를 잘 다스릴 수 있다고 하여 '근정'이라 함) 등을 세웠다.

또한 도전은 정권을 안정시킬 필요가 있었다.

'권력자들이 군사를 거느리면 안 된다. 그들의 군사가 언제든 임금에게 반역을 저지를 수 있는 것이야.'

도전은 곧바로 이성계를 찾아 자신의 생각을 말했다.

"폐하, 권력자들의 군사를 모두 관군으로 바꾸어야 합니다. 그들이 가진 군사는 언제든 폐하께 반역의 깃발을 들 수 있사옵니다."

"짐도 삼봉과 같은 생각이오. 그런데 개인이 거느린 군사를 관군으로 한다면 그들에게 녹봉을 주어야 하지 않겠소? 그런데 지금 나라 곳간은 비어 있지 않소?"

"걱정하지 마시옵소서. 권력자들의 토지를 조사하여 불법으로 차지한 것을 모두 나라에서 도로 찾아오면 되옵니다."

"불법 토지라니요?"

"고려 시대에 실시된 전시과(벼슬아치나 공신(功臣) 또는 각 관아에 토지 및 땔나무를 댈 임야를 나누어 주던 제도)는 원래 관리에서 물러나면 나라에 반납하도록 되어 있습니다. 그러나 관리들은 고려 말기가 어지러운 틈에 토지를 모두 자기 토지로 만들어 버린 것입니다. 이것들을 조사하면 많은 토지를 나라가 다시 찾아올 수 있사옵니다."

도전의 말에 이성계는 걱정하는 마음이 사그라졌다.

이성계는 도전의 말에 따라 권력자들의 군사들을 모두 관군으로 바꾸고 토지 개혁을 실시하였다.

정도전은 정치, 경제, 사회 제도의 완성을 통해 조선을 건국한 CEO로서, 태조 이성계에 이은 조선의 이인자로서의 입지를 완벽하게 굳혔다고 할 수 있다. 하지만 도전의 노력으로 조선이 안정이 될수록 도전의 생각에 반대하는 무리들은 늘어 갔다.

『조선경국전』이 무엇인가요?

　조선왕조의 헌법(憲法)이라고 할 수 있는 책으로서 개국 초 정도전이 지었어요. 『경국전』이라고도 하며, 정도전이 지은 『삼봉집』의 7, 8권에도 수록되어 있어요. 서문의 내용으로 짐작해볼 때, 집권 이후에 발표한 수교(각 관청이 국왕으로부터 받은 각종 행정 명령서)를 모으고, 여기에 정도전 자신이 수정하거나, 새로운 내용을 추가하여 지은 것으로 보여요. 주나라의 제도인 『주례』의 체제를 모범으로 삼았지만 조선의 현실에 맞게 조정했어요.

　크게 6개의 항목으로 구성되는데, 「치전(治典)」, 「부전(賦典)」, 「예전(禮典)」, 「정전(政典)」, 「헌전(憲典)」, 「공전(工典)」이라는 이름으로 나누어져요.

　「치전(治典)」은 재상이 정치의 실권을 가져야 한다는 것과 관리를 선발할 때 공평한 시험 제도에 의해 능력 있는 사람을 뽑아야 한다는 것을 말해요. 「부전(賦典)」은 국가의 수입과 지출이 유기적으로 연관되어야 하고, 국가 수입을 늘리기 위해서 전국을 군과 현으로 명확히 나누고 관리를 파견하여 다스리는 제도인 군현제도와 집을 기준으로 해서 집에서 실제로 사는 가족을 밝혀 그 수에 따라 세금을 받기 위한 제도인 호적제도를 정비하고, 농업을 장려할 것을 강조하고 있어요. 「예전(禮典)」에서는 제사, 교육, 외교나 기타 관혼상제 등에 관한 원칙을 알려줘요. 교육과 관련해 서민 이상 신분의 교육 참여 기회를 넓히고, 능력 있는 인재를 뽑을 것을 강조하고 있지요.

　「정전(政典)」은 군사 법에 해당해요. 병사가 농사를 지을 수 있어야 한다는 병

농일치(兵農一致)를 강조하고, 중앙군과 지방군으로 체제를 나눌 것, 무기를 더 강하게 만들 것, 훈련을 더 체계적으로 할 것 등을 강조했어요. 이 모든 군사법을 운영할 때는 '백성과 군사를 아끼고 나라를 바르게 인도해야 한다.'는 사실을 염두에 둘 것을 말했어요. 「헌전(憲典)」에서는 형벌 원칙이 제시되고 있어요. 형벌은 어디까지나 정치의 보조수단이지 정치의 근본이 되어서는 안 된다는 사실을 중요하게 여기고 있으며, 형벌과 법은 도덕 있는 사회를 만들기 위한 예방으로 이용되어야 한다는 것을 강조했지요. 「공전(工典)」에서는 국가의 각종 물품 제조나 토목공사(땅과 하천 따위를 고쳐 만드는 공사) 등을 운영하는 원칙을 다루고 있어요. 사치를 금지하고 재정 낭비를 경계할 것, 백성을 지나치게 부려 피로하게 하지 말 것을 강조하고 있어요.

이 책은 이후 1397년 조선 최초의 공식 법전인 『경제육전』과 『경국대전』의 시작이 되었어요.

관혼상제 중 전통혼례에서 중요하게 여기는 신부의 의상

요동 정벌의 꿈

　조선을 건국한 지 한 달이 지날 무렵인 태조 1년(1392년) 8월, 이성계는 신덕 왕후 강씨를 찾았다. 신덕 왕후 강씨는 신의 왕후 한씨가 세상을 떠나자 스물 한 살의 나이 차에도 불구하고 혼인한 이성계의 두 번째 부인이다. 신의 왕후 한씨가 낳은 자식으로 후에 태종이 된 이방원을 비롯한 오형제가 있으며, 신덕 왕후 강씨가 낳은 자식은 방번과 방석이 있다. 그래서 신덕 왕후는 늘 불안하였다.

　'만약 방원이 임금이 된다면 내가 낳은 방번과 방석은 어찌 될까? 혹 죽이지는 않을까? 만약을 대비하여 전하께 방번이나 방석을 세자로 삼아달라고 해야겠다.'

　언제 이성계에게 말을 할까 고민하던 신덕 왕후에게 이성계가 찾아왔다.

　"전하, 어서 오십시오."

"짐을 이렇게 환영해 주니 고맙소."

자리에 앉은 이성계에게 신덕 왕후는 술상을 올렸다. 술을 마셔 기분이 좋아진 이성계에게 신덕 왕후가 말했다.

"전하, 드릴 말씀이 있습니다."

"무슨 말이오?"

신덕 왕후는 조금 뜸을 들이다가 말했다.

"전하, 이제 세자를 정해야 되지 않겠습니까?"

"그렇지요. 짐도 지금 그것을 생각 중이라오."

"방석이가 어떨지요?"

"방석이를?"

세자는 큰아들이어야 하는데 이제 열 살이 된 방석을 말하니 이성계는 깜짝 놀랐다.

"전하, 소첩의 청을 들어주시옵소서. 만일 방원이 임금이 되면 소첩을 비롯해 방번과 방석은 죽은 목숨이옵니다."

신덕 왕후가 눈물을 흘리며 말하자 마음이 약해진 이성계는 신덕 왕후의 뜻에 따르기로 하였다.

며칠 후 조정에서 세자를 정하기 위한 회의가 열렸다. 먼저 도전이 말했다.

"전하, 세자의 조건은 나이도 있어야 하며 공도 큰 왕자로 정해야 하옵니다."

도전의 조건으로 적합한 사람은 이방원밖에 없었다. 그런데 도전의 말에 이성계가 반대했다.

"짐은 장차 이 나라를 발전시키기 위해서는 남달리 똑똑하고 영리한 방석이 나을 것 같소."

이성계의 말에 반대하는 신하는 없었다. 이방원이 세자의 조건에 적합한 왕자이었지만, 그는 자신의 주장이 강해 신하들의 말을 듣지 않을 것이므로 자연히 임금의 힘만 강해질 것이다. 도전의 입장에서는 왕권이 강한 것은 자신과 같은 신하들의 힘이 떨어진다는 것을 뜻하니, 방원보다는 차라리 방석이 낫겠다고 생각했다.

'방석을 키워 왕권과 신하의 힘이 균형을 이루는 조선을 만들자.'

도전이 한참 생각에 몰두할 때 이성계가 불렀다.

"삼봉, 오늘부터 시강관이 되어 방석을 가르쳐 주시오."

시강관은 세자의 스승을 말한다. 이제 도전은 세자 방석과 함께 조선을 새롭게 만들어 가야 하는 것이다.

그러나 방석이가 세자가 되었다는 소식을 전해 들은 이방원은 크게 화냈다.

"애송이 방석이를 세자로? 이것은 모두 정도전의 뜻일 것이다."

이렇게 해서 조선을 세우는데 힘을 합쳤던 도전과 이방원의 사이가 갈라지게 되었다.

나라가 안정을 찾아가자 도전은 이성계에게 건의했다.

"전하, 고구려는 중국을 위협하던 큰 나라였습니다. 비록 당나라에 망하기는 했지만 불과 삼십 년 뒤 그 민족 그대로 발해가 세워졌습니다. 발해는 곧 고구려 백성들이 세운 나라입니다. 발해가 망한 지 십 년 만에 고려가 후삼국을 통일하고, 그로부터 팔십여 년 만에 발해 지역 유민들이 힘을 합쳐 금나라를 세웠습니다. 그 금나라도 망하고 고려도 망해 지금 우리 조선이 섰지만, 요동의 우리 땅은 되찾지 못했습니다. 땅을 되찾고 그곳에 묻힌 조상들의 영혼도 되찾아야만 우리 겨레를 다시 만나는 것입니다. 전하께서 여진족을 데리고 최강의 기마군으로 훈련시키는 것을 보면서 역시 여진족과 우리는 하나라는 것을 다시 한 번 깨달았습니다. 여진족과의 만남으로 우리 조선은 중원에 사대하지 않고 굽실거리지 않으며 오직 하늘만 바라보며 떳떳하게 살아갈 수 있사옵니다. 어서 요동을 되찾아야만 하옵니다."

도전의 건의를 이성계는 기꺼이 받아들였다.

"삼봉의 말이 맞소. 어서 준비하길 바라오. 요동을 되찾기 위한 모든 힘을 삼봉에게 드리겠소."

이성계는 요동을 되찾는 일에 도전과 한마음이었다. 도전과 같은 생각을 한 사람은 남은, 심효온, 변계량, 한상경 등이 있었다. 그러나 이방원의 생각은 달랐다.

'삼봉이 괜한 짓을 벌이면 명나라의 트집거리가 될 수 있어. 이것만은 막아야 해. 그리고 작은 나라가 큰 나라를 섬기는 것은 당연하지.'

이방원은 이 기회를 이용하여 명나라와 손잡고 도전을 제거하기로 결심했다. 때마침 명나라에서 조선을 협박하는 편지가 왔다.

조선은 엎드려 있어야 한다.
우리나라에 대한 정보를 얻으려 수작을 부리지 말고
여진족을 꾀어 괜한 짓을 하지 않기를 바란다.
만일 이를 어길 때에는 전쟁이 일어날 것이다.

도전은 명나라의 협박에 정면으로 대항하지 않았다. 사신단을 보내 해명하고 설득하려고 노력하면서 조용히 요동을 되찾기 위한 계획을 차근차근 준비했다. 요동을 정벌하기 위한 군대를 어떻게 만들지, 요동을 정벌하기 위해 전쟁을 어떻게 할지를 책으로 쓰고, 왕자나 공신들이 가지고 있는 사병들을 관군으로 끌어들이는 정책을 실시하였다. 도전이 마지막으로 행했던 사병을 폐지하는 정책 때문에 많은 관리들이 이방원과 손잡았다. 명나라에서도 이방원의 집을 직접 찾아가 인사하면서 가까이 하는 반면에 도전은 제거해야만 하는 사람으로 단정하여 꼬투리를 잡으려 애썼다.

도전은 생각하였다.

'명나라의 임금인 주원장이 나이가 많아 곧 죽을 것이다. 주원장이 죽으면 임금의 장례로 일 년은 정신이 없을 것이니, 이때 요동을 되찾기 위해 군사를 일으키면 되는데…….'

하지만 도전의 생각과 달리 주원장이 죽었다는 소식은 없었고, 오히려 이방원을 비롯해 요동 정벌을 반대하는 관리들은 명나라와 관계를 더욱 좋게 하면서 명나라에 간 사신들은 돌아오지 않았다. 이것은 도전을 압박하기 위함이었다.

요동 정벌 운동은 무엇인가요?

요동은 요동반도 지역으로 이 일대는 한민족과 한족, 북방 민족 사이의 쟁탈 지역이 되어 왔어요. 본래 고조선의 영역이었고 고조선 이전부터 한민족의 터전으로 인식되는 곳이었지요. 곧 선사시대의 환인, 환웅, 단군이 대대로 지배하던 지역이었으나 고조선이 전쟁에 패해 서쪽 경계가 수천 리 동쪽으로 이동함으로써 고조선의 영역에서 벗어났고 이후 부여족이 회복했어요. 그 이후 오랫동안 한민족의 땅이었지만 다시 북쪽 나라들의 땅으로 넘어가게 되었지요.

고려 말에 일어났던 요동 정벌 운동은 알다시피 이성계가 위화도에서 회군을 하는 계기가 되면서 조선을 건국하는 중요한 사건 중 하나예요. 따라서 위화도 회군의 주역인 이성계와 정도전이 다시 요동 정벌을 주장했다는 사실이 이해가 되지 않을 수도 있어요. 정도전은 친명 외교정책을 주장하다가 유배까지 갔다 왔지만 주체성이 없이 강한 나라나 사람을 섬기는 태도를 가진 사람인 사대주의자는 아니었어요. 오히려 요동을 되찾는 것을 목표로 삼았었지만 고려 말에는 시기와 상황을 보고 때가 아니라고 판단을 했던 것이지요. 조선 초에 정도전이 요동을 되찾으려고 군사 훈련을 하는 등

지금은 중국 내에 있는 요동(랴오닝)

의 움직임을 보이자 명나라는 정도전을 경계했어요. 명나라는 정도전이 요동 수복을 위해서 사람을 포섭하고 여진족을 끌어들이고 있다면서 자신의 나라로 압송(죄인을 호송하는 일. 여기서는 명나라로 정도전을 데려오는 것을 뜻함)을 요구할 정도로 위험하다고 생각했어요.

 정도전과 함께 북벌에 적극적이었던 남은(南誾)은 "사졸이 이미 훈련되었고 군량이 이미 갖추어졌으니, 동명왕(東明王)의 옛 강토를 회복할 만합니다."라고 말했어요. 조선왕조 제3대 왕 태종 이방원의 역사를 기록한 책인 『태종실록』에 '정도전이 남은의 말을 믿을 만하다고 말하고, 또 도참(圖讖)을 인용하여 그 말에 붙여서 맞추었다.'라고 적혀 있다고 해요. 이것으로 볼 때 정도전은 이성계에게 북으로 진격하자는 뜻을 은근히 알렸다고 볼 수 있어요. 정도전은 조선군이 압록강을 넘으면 명과 조선, 둘 중 하나가 끝장나는 전면전이 될 것이라는 사실을 잘 알고 있었어요. 또 개국이라는 거대한 일을 해낸 이성계에게 '동명왕의 옛 영토 회복'이라는 목표는 온 힘을 쏟을 만한 일이었지요.

송현방에서
사라진 꿈이여

　태조 7년(1398년) 8월 26일, 도전은 요동 수복군을 소집해 명나라 군대와 전쟁하기 위한 훈련을 했다. 그들은 도전의 명령에 따라 모이고 흩어지기를 반복했고, 경복궁 뒤편에 마련된 훈련장은 연일 함성으로 가득 찼다.
　"그렇게 내달리지만 말고 제대로 화살을 쏘아야 할 것이 아니더냐!"
　도전은 경복궁 근처임에도 불구하고 군사들의 함성이며 북소리, 징소리를 크게 울렸다. 함성이 클수록 이성계가 기뻐했기 때문이었다. 그도 그럴 것이, 이성계는 군사들의 함성을 듣다가 흥이 오르면 내관을 시켜 도전에게 어주(임금이 내리는 술)를 보내기도 했다.
　도전의 요동을 되찾겠다는 움직임에 이방원, 권근 등은 명나라가 그리 만만하지 않다며 반대했다. 그러나 도전은 요동이 고구려의 옛 땅이고, 고구려 백성이던 거란족의 요나라와 여진족의 금나라가 차례로 되찾은 적이 있고, 얼마 전까지만 해도 고려 왕자들이 심양왕(중국 원나라에서 선양(瀋陽)에 인질로 둔 고려의 왕이나 왕족에게 주던 봉작)을 맡아오면서 실제로 지금도 고려인들이 많이 살고 있기 때문에 꼭 되찾아야 한다고 믿었다.

도전은 명나라에 대한 정보를 얻고, 요동에 사는 고려인과 여진족을 압록강 가까이 풀밭으로 불러 살게 하면서 말의 훈련을 맡기기도 했다. 도전은 고려군만 훈련시킨 게 아니라 여진족으로 구성한 기마군까지 비밀리에 준비한 것이다.

도전은 요동 수복 계획을 수립한 뒤 한양으로 돌아와 사병을 해체하고, 이 사병들을 소집하여 나라에서 지휘하는 관군으로 바꾸었다. 적게는 수십 명에서 많게는 수백 명까지 사병을 데리고 있던 공신들과 왕자들의 불만이 많았지만 도전은 많은 사병들을 의흥삼군부의 일사불란한 지시를 받는 관군으로 훈련시켰다. 이 모든 것은 이성계가 도전의 든든한 후견인이기 때문에 가능한 일이었다.

도전은 5월부터 8월까지 군사들을 쉬지 않고 훈련을 시켰다. 그리고 8월 9일에는 훈련을 게을리한 이방원에게 곤장형을 내렸다. 이방원의 신분이 왕자이니 직접 곤장을 칠 수 없어 대신 이방원의 부하 한 놈을 잡아다가 무지막지하게 때렸다. 매 맞은 자는 소근이라는 종이었는데 거의 죽을 지경이 되어 돌아갔다. 매우 모욕적인 일이었는데도 모욕을 당한 이방원은 승복하는 듯했고, 아버지 이성계를 찾아가 하소연하지도 않았다. 이방원까지 사병 혁파에 동의한다면 나머지는 신경 쓸 것 없다고 생각한 도전은 안심했다. 이제 날만 잡으면 되기에, 군사를 일으키기에 앞서 군사들에게 휴가를 보내주었다.

 도전도 전장에 나가기 전에 한양을 지킬 당상관들을 불러 모아 술자리를 열었다. 군사들이 대규모로 빠져나가면 한양성을 지키고 국왕을 보좌하는 것도 큰일이기 때문에 미리 단속하려는 것이었다. 도전을 비롯해 집주인인 남은, 심효생, 장지화, 이근, 이무 등 최측근들이 송현방에 모였다. 실질적으로 나랏일을 맡고 있는 사람들이었다.

 "궁궐 수비는 누가 맡고 있지?"

 "예, 박위와 조온입니다."

 "군사는?"

 "모든 군사들이 휴가 중인데 무슨 일이야 있겠습니까? 충청도, 경상도, 전라도로 다 흩어졌답니다."

박위는 정도전에게 충성스런 장수고, 조온은 이성계를 외삼촌으로 부르는 인물로 이성계가 "온아!" 하고 이름을 부르면 어린애처럼 얼른 뛰어와 엎드릴 만큼 잘 따르는 사람이었다.

"마음이 좀 놓이는군. 오늘 폐하께서 많이 편찮으셔서 왕자들이 궁궐로 들어간다니 무슨 일이야 있겠나. 군사들도 휴가를 보냈으니 우리도 모처럼 허리띠를 풀고 향후 대비태세를 의논해 보세. 전하께서 병환 중이시니 그럴수록 걱정을 끼쳐드려서는 안 되네."

도전은 요동으로 군사를 일으킨 뒤의 나랏일에 대해 하나하나 일러주었다. 도전의 지시가 끝나갈 무렵 남온이 말했다.

"한 잔 잡숫고 편히 말씀하소서."

"그럴까? 그간 내가 너무 긴장했지?"

도전은 만사 다 잘 풀린다고 생각하고는 느긋하게 마음 놓고 술잔을 기울였다.

술잔을 내려놓은 도전이 이무에게 물었다.

"이무야, 왜 잔뜩 고개를 숙이고 있느냐?"

이무는 얼른 구부렸던 어깨를 펴며 말했다.

"몸이 좀……."

"그래, 그럼 먼저 자리에서 일어나거라."

도전의 말에 이무는 슬그머니 자리에서 일어났다.

"그럼 먼저 일어나겠습니다."

이무가 자리에서 일어나며 목례를 하고 물러났다.

이무가 나가자마자 심효생이 고개를 갸웃거리며 말했다.

"이무, 저 녀석 요즘 수상합니다. 아무래도 이방원 나리하고 어울리는 것 같은데요?"

"아무리 왕자라도 이젠 이빨 빠진 호랑이야. 사병을 모조리 빼앗았는데 불만을 가진들 무슨 소용인가? 걱정 말게. 너무 몰아대는 것도 나빠. 이무 제 놈도 머리가 있는 놈이면 이 나라 정사를 누가 좌지우지하는지 뻔히 알 게 아닌가."

남은이 손사래를 쳤다. 도전 등이 웃고 떠드는 가운데 새벽이 되었다. 그런데 갑자기 문 밖이 밝아왔다.

"웬일인가? 밖에 누구 없느냐!"

남은이 밖을 향해 물었다. 곧 대기 중이던 종이 응답했다. 군사들은 다 휴가 보내고 종들과 겨우 군사 넷이 남아 밖을 지키고 있었다.

"예, 이웃집에 불이 난 듯합니다."

"어서들 나가 봐. 금화군(오늘날 소방관을 일컬음)에게도 알리고."

남은은 별일 아니라는 듯 도로 자리에 앉았다. 그런데 또 종들이 다급히 보고를 올렸다.

"다른 집에 또 불이 붙었습니다. 불이 세 채에 옮겨 붙었습니다. 바람도 안 부는데 말입니다."

"어서 군사들을 불러 불을 끄라고 해라. 금화군을 부르라니깐."

"다 자는 시각이라서……."

순간 도전은 자리에서 벌떡 일어났다. 한꺼번에 세 채에 붙은 불이 무슨 뜻인지 모를 리가 없었다.

"뭔가 이상하군. 내가 나가 보지."

도전은 즉시 문을 열고 밖을 내다보았다. 사방에서 불길이 치솟고 있었다.

'예사 불이 아니다.'

얼핏 남은의 집 밖으로 분주히 오가는 그림자들이 보였다. 불을 끄러 가는 그림자가 아닌 듯했다. 남은에게 말할 틈도 없었다. 결심히면 바로 움직이는 게 도전의 성격이었다.

도전은 주저 없이 불이 붙지 않은 이웃집 담을 넘었다. 담을 넘은 다음 남은의 집을 들여다보니 곧 그림자의 정체가 드러났다. 대문이 활짝 열리면서 칼과 창을 쳐든 군사들이 들이닥치는 중이었다.

가만히 보니 이무가 앞장서고, 이방원과 같은 무리라고 소문이 돌던 안산 군수 이숙번이 군사들을 이끌고 있었다. 이방원의 처남인 민무구와 민무질도 뒤따랐다.

'이놈들이 작정을 하고 반란을 일으켰구나.'

순식간에 도전은 꼼짝 못하고 사방팔방으로 포위됐다. 죽음이 가까웠음을 안 도전은 재빨리 종이를 꺼내 시 한 수를 지었다.

두 왕조에 한결 같은 마음으로 공을 세워

책 속 성현의 뜻을 거역하지 않았건만

삼십 년 동안 애쓰고 힘들인 업적들

송현 정자에서 한 번 취하니 결국 헛되이 되누나

시를 짓고 난 도전은 정정당당하게 나서기로 하였다.

"나 정도전, 여기 있다."

곧 그림자들이 횃불을 들고 도전에게 다가왔다. 도전이 이성계에 이은 이인자가 되자 시기하는 공신들이 참여한 것이다. 이방원은 이들에게 미리 숨겨둔 창과 칼을 나누어준 채 기다리다가, 정도전이 군사들의 호위도 없이 송현방에서 술을 마시고 있다는 정보를 이무가 전하자마자 군사를 일으켰다.

도전은 이방원을 보자 말했다.

"불이 났다고 해서 가만히 생각해 보니 신하들 중에는 반역할 만한 사람이 없습디다. 아니나 다를까, 늘 불만이던 나리가 이번 일을 꾸미셨군요. 어떻게 아버님의 나라를 뒤엎을 생각을 하셨소?"

도전의 말에 이방원은 얼굴이 화끈거리는지 몇 번이고 눈을 껌벅였다.

"미안하오, 삼봉. 돌이킬 수 없으니 그만 잘 가시오."

이방원의 말과 함께 도전은 죽음을 당하였다. 백성을 근본으로 한 조선을 세우겠다는 꿈을 채 달성하기 전에 그는 떠난 것이었다.

이방원은 조선의 실질적인 창업자인 정도전을 죽인 후 그의 아버지 이성계가 있는 궁을 접수하러 군사들을 몰아 달려갔다. 이성계는 이방원이 일으킨 '왕자의 난'에 충격을 받고 함흥으로 떠났고, 이방원은 자신의 둘째 형인 이방과를 임금으로 삼았는데, 그가 바로 조선 2대 임금인 정종이다. 그러나 정종은 이방원의 간섭으로 허수아비 노릇만 하다 결국 이 년 만에 임금 자리를 이방원에게 물려주었다. 이방원은 곧 조선 3대 임금인 태종이며 세종대왕의 아버지이다.

이방원의 전략가 하륜은 누구인가요?

이성계를 도와 조선을 건국하는데 정도전이 있었다면, 그의 라이벌이라고 할 수 있는 사람은 바로 이방원을 임금으로 만든 하륜이에요. 하륜은 고려 말과 조선 초에 활동한 문신이에요. 호는 호정(浩亭)으로 고려 말에 정몽주, 남은, 권근 등과 함께 신진사대부 세력을 형성했고, 처음에는 역성혁명에 반대하다가 1392년 이성계의 조선 건국에 참여했어요. 정도전과 함께 한양 천도를 적극 주장했던 만큼 정도전과 비슷한 구석이 많았던 면도 있지요. 이색의 밑에서 공부하면서 선배인 정도전, 정몽주, 조준 등을 만났어요. 이때 하륜은 열 살이나 나이가 많은 정몽주를 무척 어려워했으나 정도전과는 나이를 신경 쓰지 않고 친하게 지냈어요.

하륜이 이방원의 전략가가 되는 과정 중 재미있는 이야기가 하나 있어요. 태조 7년(1398년) 하륜이 충청도 관찰사로 떠나기 전 이방원이 인사차 하륜의 집에 들렀어요. 이방원은 하륜에게 송별주 한 잔을 권했는데, 하륜은 고의로 이방원의 옷자락에 술을 엎질렀어요. 전송하러 나온 대군에게 술잔을 엎지르다니, 이 얼마나 무례한

경상남도 진주시 진주성 안에 있는 하륜의 출생비석

짓인지, 이방원이 버럭 화내고는 나가 버렸어요. 그런데 하륜은 놀라지도 않고 손님들에게 "대군께 사과드리고 오겠다."라고 말하고는 대군의 뒤를 쫓았어요. 화가 난 채 돌아가고 있는 이방원을 빠르게 따라간 하륜이 말했어요.

"이목(사람들의 주의나 관심)을 피하기 위해 고의로 술잔을 엎질렀나이다. 사태가 위급하오니 용서하소서. 정도전 일파가 대군의 형제들을 제거하려고 한다는 소문이 있사옵니다."

기지가 뛰어나고 꾀가 많은 하륜은 이방원에게 헤쳐 나갈 수 있는 방법을 말해 주었어요. 그리고 아무런 일도 없었다는 듯 집으로 돌아와 손님들과 술잔을 주고받고는 자신은 충청도로 떠났어요.

이방원은 하륜이 알려준 대로 안산 군수 이숙번을 불렀고, 군사를 동원하여 밤에 송현방을 기습하여 정도전 일파를 제거했어요. 이것을 '제1차 왕자의 난'이라고 해요.

재상 정도전이 살았던 시대를 알아보아요!

고려 말~조선 초		정도전의 생애
	1342	정운경의 3남 1녀 중 장남으로 태어남.
고려 제31대 공민왕이 왕위에 오름.	**1351**	
변발과 호복을 폐지함.	**1352**	
정동행성을 폐지하고 쌍성총관부를 되찾음. 몽골식 연호와 관제를 폐지함.	**1356**	
정몽주가 과거에 응시해 장원에 급제함.	**1360**	성균관 입학시험에 합격함.
정몽주가 예문관의 검열로 관직에 첫발을 내딛음.	**1362**	성균관 진사 시험에 합격하여 벼슬길에 오름.
문익점이 원에서 목화씨를 가져오면서 목화 재배를 시작함.	**1363**	
공민왕이 권세가에게 빼앗긴 토지나 농민을 되찾아 바로잡기 위하여 전민변정도감을 설치하고 신돈을 판사로 임명하여, 신돈이 정치개혁을 시작함.	**1366**	
고려 제32대 우왕이 왕위에 오름.	**1374**	
	1375	권신 세력이었던 이인임 등의 친원배명정책(원나라와 친하고 명나라를 배척하는 정책)에 반대했다가 전라도 나주목 회진현에 유배됨.
최영 장군이 왜구가 포진되어 있는 홍산 지역을 정벌함.	**1376**	

최무선의 건의로 화약 제조(화통도감 설치). 세계에서 가장 오래된 금속 활자 인쇄물인 『직지심체요절』 인쇄.	1377	귀양에서 풀려나 삼각산 밑에서 학생들을 가르침.
	1383	9년에 걸친 유배와 유랑 생활을 청산하고 동북면도지휘사 이성계와 인연을 맺기 시작함.
	1386	남양부사 직책을 맡음.
이성계가 위화도에서 회군함.	1388	위화도 회군 이후 밀직부사로 승진. 조준 등과 함께 개혁안을 건의하고 조민수 등 반대 세력을 제거해 조선 건국의 기초를 닦음.
고려 제33대 창왕이 폐위되고 34대 공양왕이 왕이 됨. 박위가 쓰시마 섬(대마도)을 정벌함.	1389	
	1391	우군총제사가 되어 병권을 장악했다가 과거 세력들의 탄핵으로 봉화에 유배됨.
태조 이성계가 고려 공양왕에게서 왕위를 이어 받아 왕이 됨. 정몽주가 이방원에 의해 사망함.	1392	정몽주 등의 탄핵을 받아 보주(지금의 예천)의 감옥에 투옥됨. 유배에서 풀려나 이성계를 추대해 조선 건국. 개국 1등 공신으로 문하시랑찬성사 등의 요직을 겸임해 정권과 병권을 모두 갖게 됨.
이성계가 국호를 '조선'으로 바꿈.	1393	
한양으로 천도함.	1394	『조선경국전』을 저술하고, 한양 천도를 계획하고 실천해 수도 경영을 주도함.
제1차 왕자의 난이 일어나고 2대 임금 정종이 왕이 됨.	1398	이방원의 기습을 받아 죽음.
제2차 왕자의 난이 일어나 이방원이 3대 임금 태종이 됨.	1400	
이방원의 아들 충녕이 4대 임금 세종이 됨.	1418	
	1427	정도전의 아들 정진이 사망함.

재상 정도전

펴낸날	초판 1쇄 2014년 4월 11일
	초판 4쇄 2019년 2월 27일

지은이	민병덕
그린이	김창희
펴낸이	심만수
펴낸곳	(주)살림출판사
출판등록	1989년 11월 1일 제9-210호

주소	경기도 파주시 광인사길 30
전화	031-955-1350 팩스 031-624-1356
홈페이지	http://www.sallimbooks.com
이메일	book@sallimbooks.com

ISBN	978-89-522-2858-1 73990

살림어린이는 (주)살림출판사의 어린이 브랜드입니다.

※ 값은 뒤표지에 있습니다.
※ 잘못 만들어진 책은 구입하신 서점에서 바꾸어 드립니다.

이 도서의 국립중앙도서관 출판시도서목록(CIP)은 서지정보유통지원시스템
홈페이지(http://seoji.nl.go.kr)와 국가자료공동목록시스템(http://www.nl.go.kr/
kolisnet)에서 이용하실 수 있습니다. (CIP제어번호: CIP2014008858)

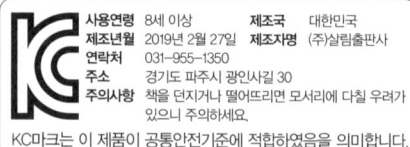